# Ma vie avec les OVAHIMBA

Ouvrage dirigé par Bénita Rolland

38, rue La Condamine - 75017 Paris
www.hugoetcie.fr
Photographies couverture et intérieur : © Rina Sherman

ISBN : 9782755602616
Imprimé en France

# Ma vie avec les OVAHIMBA

RINA SHERMAN
avec PIERRE-ALBERT RUQUIER

Hugo&Cie

*Aux membres de la famille Tjambiru pour l'accueil chaleureux qu'ils m'ont réservé pendant les septs années que j'ai vécues avec eux.*

*Aux fidèles amis qui m'ont soutenue en toutes crconstances lors de mon séjour en Namibie.*
*Herman van Wyk*
*Joana Wustrow*
*Lente Hamel*
*Frédéric Baleine du Laurens*
*Jaap Smit*

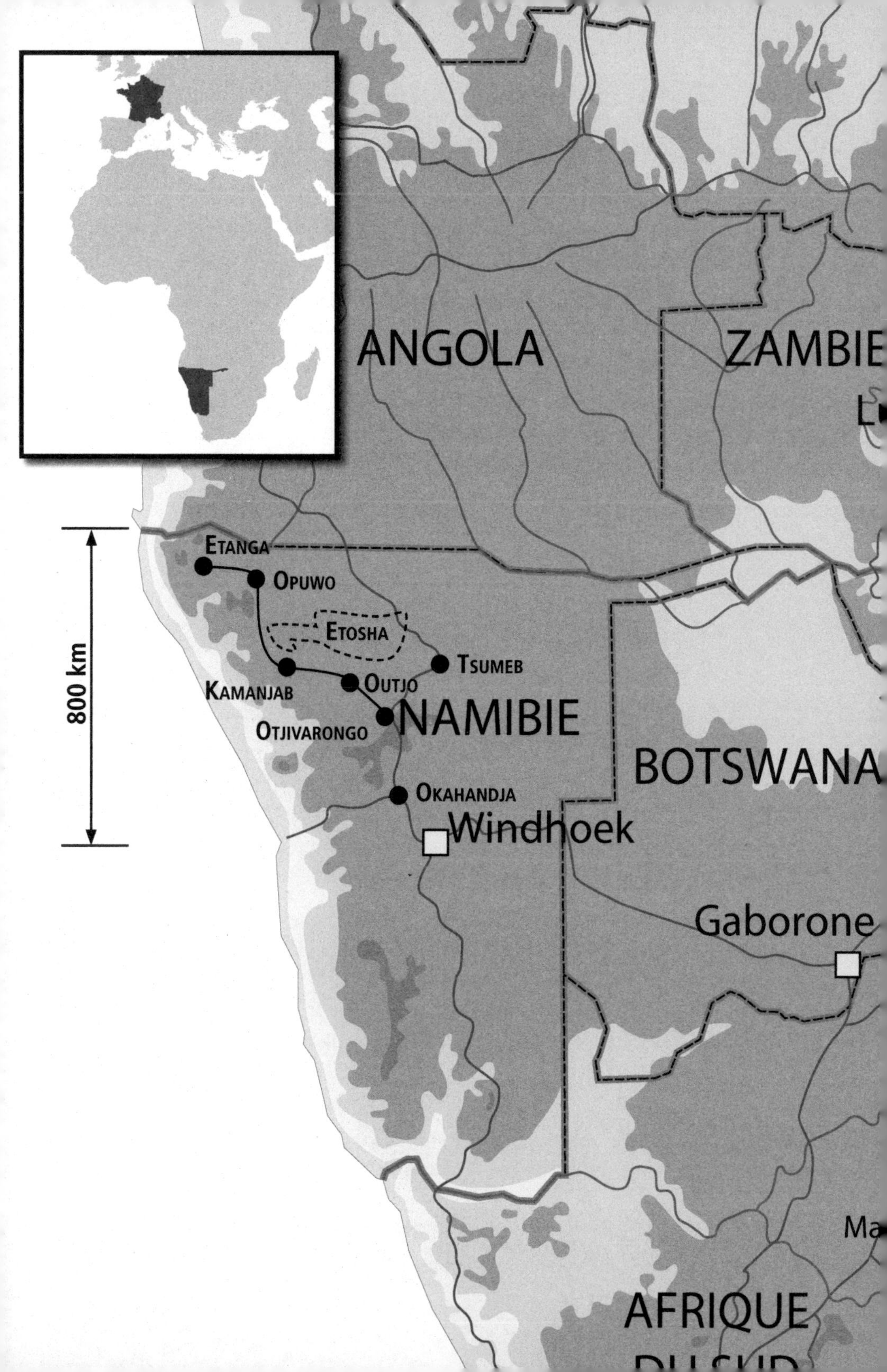

ANGOLA
ZAMBIE
NAMIBIE
BOTSWANA
AFRIQUE
800 km
Etanga
Opuwo
Etosha
Tsumeb
Kamanjab
Outjo
Otjivarongo
Okahandja
Windhoek
Gaborone

# I

*Je pars pour Etanga. Je sais que la route sera longue comme à l'accoutumée. Je l'ai parcourue tant de fois. Je vais rouler seule plein nord durant des heures. En direction du Kaokoland, aux confins de la Namibie et de l'Angola. Là où personne ne va, la terre de quelques dizaines de milliers d'Ovahimba et leurs magnifiques femmes peintes en rouge, exhibées sur les cartes postales et les prospectus des agences de voyage. C'est là que vivent ceux qui sont devenus les miens. J'ai huit cents kilomètres à avaler, de tronçons en étapes, parsemés de dangers et d'émerveillements. Parcourir cette route fait désormais partie de ma vie.*

Ma plongée pendant sept ans chez les Ovahimba est due au hasard. J'avais fait mes études avec Jean Rouch. J'ai longtemps travaillé avec lui sur ses propres films. J'avais depuis un moment envie de voler de mes propres ailes. Alors que j'effectuais une étude de recherche dans des archives de films des pays d'Afrique australe, j'avais dans un premier temps déniché des anciennes photographies de Ovahimba.

Puis le hasard se manifesta par le biais d'une photographie plus récente.

Un ami, alors ambassadeur de France en Namibie, me montra un jour cette image alors que j'étais chez lui à Windhoek. Elle représentait un jeune Omuhimba – le singulier d'Ovahimba. Il était coiffé d'une queue de pie et il fixait du regard l'objectif de l'appareil photo.

– Tu connais les Ovahimba ? me demanda-t-il.
– Non, je ne les connais pas.

Je rentrai à Paris avec cette image en tête. Je cherchai à en savoir plus sur ce peuple, je me documentai. Je montai un dossier qui me permit d'obtenir une bourse Lavoisier du ministère des Affaires étrangères. Elle me fut accordée pour un an. C'était en 1997. Je dus ensuite trouver d'autres financements pour compléter mon budget de recherche. C'est ainsi que je trouvai sur place, à Windhoek, une vingtaine de mécènes dont la Fondation Ford qui m'a soutenue pendant quatre ans.

*Windhoek est calme à cette heure matinale de mon départ. Je traverse la capitale namibienne dans le silence. Il faut juste sortir du ventre de cette vaste agglomération d'Afrique australe. L'Independence Avenue est rectiligne et large, bordée de palmiers par endroits, avec ses immeubles modernes et ses grandes maisons aux toits rouges, de style vaguement germanique. Elle traverse toute la ville sur une douzaine de kilomètres. Mon vieux bakkie*[1] *réagit bien. Il est prêt*

1 Pick-up.

*une fois encore à m'emmener au-delà des kilomètres. Je pense aux miens, là-haut, à Etanga. Ils m'attendent.*

*J'aborde les faubourgs qui traversent la zone industrielle. Le centre-ville est derrière moi. Il ne faut plus s'arrêter. L'air que l'on respire ici a des relents dangereux. La circulation commence à être dense. Les taxis filent à tombeau ouvert. Je n'aime pas cet endroit. J'allume une cigarette et j'enclenche une cassette. Sur l'air de* Can't Help Falling in Love, *je franchis l'échangeur et me retrouve sur l'autoroute qui monte vers Okahandja. Les quatre voies se déroulent sur la plaine flanquée de montagnes, bleuâtres et grandioses. Pourquoi suis-je seule dans cette voiture ? Je n'ai personne à qui parler, personne pour m'aider en cas de problème. Lorsque je pars, je ne sais jamais vraiment si j'arriverai à destination. Les grosses cylindrées me doublent à des vitesses vertigineuses, même lorsque la route redevient à double sens. Les soixante-dix premiers kilomètres sont éreintants. Je suis tendue et un peu mélancolique. J'ai chaussé mes lunettes noires. Cigarette aux lèvres et pied au plancher, je suis dans le flot, l'esprit tendu vers mon but. Je suis impatiente de retrouver mes amis et, en même temps, je sais qu'il faut encore parcourir des kilomètres et des kilomètres avant d'étreindre Kakaendona qui m'attend avec les autres à l'échoppe d'Etanga.*

Kakaendona, c'est ma sœur. Elle dit que nos esprits se sont échangés. Elle est de la lignée Tjambiru, la fille cadette du chef d'Etanga. Autrement dit, un enfant de la lignée de chefs depuis huit générations. Avec elle j'ai fait les quatre cents coups. Nous avons ri, dansé, bu et parlé. Elle s'est imposée au fil du temps comme ma grande amie, ma compagne et mon médiateur. Ses yeux sourient en permanence comme une invitation au partage. Son empathie et son intelligence naturelles font d'elle un des personnages centraux de la communauté. Elle possède les qualités de son père, le chef d'Etanga, et de sa mère Omukurukaze, ou vieille mère. Mais Kakaendona n'a pas été ma première grande amie.

Durant les premiers temps, j'étais plus proche de Mukaandjaou, la fille, née hors mariage, de Kapandi, la sœur aînée de Kakaendona. Elles ont à peu près le même âge, mais Kakaendona est la tante, *mama ngero* ou « jeune mère », de Mukaandjaou. Comme cette dernière n'a pas de père, son grand-père, le chef, l'a adoptée. C'est comme ça chez les Ovahimba, le pater familias adopte comme siens les petits-enfants nés avant le mariage et pas réclamés par les pères.

J'ai connu Mukaandjaou lors de ma première visite à Etanga pour rencontrer le chef. Nous avions, ce soir-là, beaucoup parlé autour d'un repas offert par la famille Tjambiru, la lignée des chefs de ce village et de quelques autres. Mes deux assistants et moi étions les invités. Le chef n'était pas là. Sa femme, Omukurukaze ou « vieille mère », ses filles et petites-filles partageaient avec nous ce moment passé sous l'arbre dit *d'amis* au bord de la piste et près de la maison familiale. La maison Ovahimba c'est le lieu où l'on se réunit et, plus largement, le domaine entier où une famille vit. Ce ne sont pas uniquement les cases. Donc, si l'on se pose par exemple sous un arbre, on est à la maison.

Il faisait doux. Dans la nuit qui nous enveloppait, nous mastiquions avec difficulté la viande caoutchouteuse et grillée de la chèvre abattu, que la femme du chef nous avait offerte pour l'occasion. Une viande noire que j'avais voulu griller sur le feu, comme l'aurait fait un touriste en safari dans la brousse. J'apprendrais plus tard que pour rendre une viande fraîche de chèvre tendre, il faut la cuire très longtemps dans l'eau. La chair devient fondante et le sel des os ressort pour lui apporter un goût délicieux. Ce soir-là, le plaisir gastronomique n'était pas vraiment au rendez-vous. Pour la première fois, je partageais une certaine intimité avec une famille Omuhimba. J'étais comblée, même si cette intimité était toute relative puisque je ne parlais avec mes hôtes que par l'intermédiaire de mes assistants. Sans en avoir l'air, mon travail d'apprentissage commençait tout en discutant.

J'étais fascinée par la beauté de Mukaandjaou, presque attirée par cette très jeune femme. Ses parures, sa peau aux reflets rouges dans les lueurs de la nuit, son allure aristocratique, son sourire enfin, lacérant littéralement un visage foudroyé d'une étonnante plastique. Elle était d'une beauté simple et brute. Elle me semblait si jeune ! Je l'observais, à la fois curieuse et impressionnée. Elle avait déjà deux enfants. À la faveur de l'insondable nuit, l'espace s'était rétréci autour de nous. Nous parlions à la lueur du feu et des ombres rassurantes. Mukaandjaou s'interrogeait sur les rapports entre les femmes et les hommes. Elle me questionnait sur ma propre vie.

– Ton mari n'est pas là ? avait-elle commencé par me demander.

Un peu embarrassée, car je n'avais pas de mari, ce que je n'osais dire, j'inventai une réponse. Je lui dis que mon mari me laissait libre de partir quand je le souhaitais et qu'il me laissait faire ce que je voulais. Je compris rapidement que sa question renvoyait à sa propre situation. Elle n'avait pas de mari non plus. Ce point en commun entre nous introduisait d'emblée une certaine proximité affective. Nous avions en commun une certaine liberté. Mon mari me laissait faire ce que je voulais sans lui. Sans homme, elle avait une marge de mouvement plus grande qu'une femme mariée dans sa communauté.

Nous avions ainsi passé une partie de la nuit à parler de nos vies et de nos cultures. La discussion était néanmoins un peu fausse. J'étais à cette époque un peu perdue sur le plan affectif. Dans le même temps, je me sentais fautive car je m'inventais une vie qui n'existait pas. Un mari, je n'en avais certes pas. J'étais seule. Elle était plus sincère que moi, mais je sentais qu'elle améliorait quand même son histoire. Et derrière son assurance de femme libre, elle me signifiait malgré tout qu'elle aurait aimé avoir un mari, pour se conformer à l'idée qu'une femme devait se marier pour accéder à un statut social et partir vivre avec son mari dans sa famille.

Mukaandjaou, elle, vivait chez sa mère, Kapandi, et le mari de celle-ci, Mahenje, qui n'était pas son père. Une certaine complicité était née entre nous cette nuit-là. Par la suite, alors que j'étais installée au sein de la famille, nous devînmes très proches, de véritables amies. Elle venait tous les jours me rendre visite sous ma tente pour parler. Une vraie proximité d'esprit nous unissait, mais en même temps je ne parvenais jamais à percer les pensées de Mukaandjaou. Elle gardait ses mystères. Nous évoquions beaucoup les rapports entre les hommes et les femmes. Dans le même temps, les liens que je nouais avec elle avaient une indéniable dimension affective que je ne rejetais pas, bien au contraire. J'y trouvais aussi une certaine satisfaction.

Mukaandjaou avait une position sociale et familiale difficile. Elle vivait avec sa mère et son mari, dans la même case. Elle n'avait pourtant jamais abandonné le projet de se marier après une expérience malheureuse qu'elle avait vécue lorsqu'elle était plus jeune. Son premier mari était le fils d'un chef Tjambiru du village d'Etengua, situé à environ soixante-dix kilomètres au nord d'Etanga. Elle était allée vivre un temps chez lui. Puis, selon la coutume, son futur mari l'avait raccompagnée chez elle et était retourné seul chez ses parents. Pour confirmer son intention de la marier, il devait venir la chercher. Or, il ne vint jamais. Je me souviens que sa grand-mère Omukurukaze se demandait :

– Que va-t-on faire ? C'est ma petite-fille ? Il ne vient pas la chercher. On va devoir rendre les bouteilles qu'il a donné pour la marier.

À l'époque, je ne comprenais pas encore ce qui se passait réellement et pourquoi c'était un problème que Mukaandjaou ne puisse se marier. En réalité, c'était pour elle un vrai souci. Cela signifiait que cet homme ne souhaitait plus vivre avec elle. Et, en même temps, il rendait difficile un autre mariage car il n'y avait pas de rupture officielle ni de retour des premiers éléments de la dote.

Après la naissance de son troisième enfant, elle partit avec un autre homme pour être sa deuxième épouse. Elle ne l'avait pas vraiment choisi. Il habitait un village lointain.

Elle s'absenta plusieurs mois avant de revenir chez ses parents pour que son nouveau mari vienne la chercher définitivement. Elle avait beaucoup maigri. Elle nous expliqua que la première épouse lui faisait faire tous les travaux. Elle devait notamment aller chercher l'eau tous les jours au puits situé à plusieurs kilomètres de la maison. Pendant les six mois qu'elle avait passés chez cet homme, elle n'était pas tombée enceinte. On peut penser qu'elle avait fait en sorte que cela n'arrive pas. C'était important, car la promesse d'un enfant pouvait être le signe qui scellait l'union.

En réalité, il semblait qu'elle ne voulait pas vivre avec cet homme et sa première épouse. Il revint pour l'emmener chez lui. Devant moi il lui donna un ordre. Je me surpris alors à réagir avec des accents un peu féministes, alors que je ne le suis pas du tout.

– Déjà, tu nous l'enlèves. Et maintenant tu lui donnes des ordres. Il ne faut pas lui parler comme ça, lui lançai-je sur un ton de plaisanterie.

Il s'ensuivit un silence parmi les témoins de la scène, en attendant la réaction de l'homme. Mukaandjaou ne savait plus où se mettre. Je la voyais gênée de mon intervention. Il resta poli avec moi, plaisantant à son tour sur mon intervention. Mais je vis que je l'avais touché dans sa fierté d'homme. Les jours qui suivirent, je le relançai :

– Laisse-moi Mukaandjaou, pourquoi veux-tu me la prendre ?

À force, il commença à me prendre au sérieux. C'était vrai que j'avais une relation avec elle qui relevait d'une amitié très proche. J'avais peut-être une vision assez exclusive de celle-ci. Sa présence m'importait. Par exemple, quand elle venait me voir chez moi, je cherchais à ce que nous restions seules. Nous avions de longues conversations, parfois sur nos rapports avec les hommes, mais aussi sur ce qui se passait dans la communauté. Ce fut lors d'une de ces discussions qu'elle me raconta que lorsqu'elle sentait qu'elle était fertile, elle cherchait un bel homme pour l'engrosser en espérant qu'il ne réclamerait pas par la suite l'enfant qui naîtrait. Si tel était le cas, ce dernier deviendrait un enfant de la maison du chef.

Un jour, elle vint me confier à mi-voix que le missionnaire qui vivait dans un domaine voisin était soupçonné de s'adonner à des attouchements sur les garçons. Elle me demanda ce qu'il fallait faire. Je lui répondis que si c'était vrai, c'était illégal, et que je ne pouvais porter plainte à la place des autres. S'il s'était agi de mon enfant, je serais allée rapporter les faits à la police.

Je l'emmenais quelquefois à Opuwo dans des virées. J'aimais être en sa compagnie. J'étais sous le charme de sa beauté et de sa gentillesse. J'étais à l'affût de son humeur que je n'arrivais pas à cerner, et souvent, je me demandais ce qu'elle pouvait bien penser.

Elle me protégeait aussi de l'envahissement des autres, car elle avait compris que j'avais parfois besoin de me retrouver seule, ce qui était difficile dans cette communauté au sein de laquelle la sociabilité est de mise. Quand elle voyait que je ne sortais pas de ma case le matin, elle passait la tête par la porte pour me dire doucement :

– Tu ne prends pas ta caméra ? Tu ne travailles pas ?

Elle était la seule à venir me parler comme ça. Même mes assistants ne venaient pas me voir dans ces moments-là. Quand je m'isolais, c'était le plus souvent parce que j'étais un peu déprimée. Elle avait cette capacité de sonder mes états, alors que les assistants me considéraient un peu comme leur mère et qu'ils me testaient en permanence.

Mukaandjaou fut aussi la première à comprendre que je me lassais des demandes incessantes des autres membres de la famille. Du coup, quand elle me demandait quelque chose, ce qui n'était pas fréquent, j'accédais aux siennes. Devant les autres, elle m'aidait à contourner leurs sollicitations insistantes. Elle représentait une véritable alliée. Et cela permettait une certaine fluidité dans mes relations avec tous. J'étais moins considérée comme celle qui refusait toujours tout.

Rapidement, je devins proche des enfants de Mukaandjaou, ce qui provoquait des jalousies des enfants des autres familles, car souvent je leur apportais des petits cadeaux ou des bonbons, et au début je n'en prévoyais pas pour les autres. Toutefois, suite à des remarques d'Omukurukaze, je fis en sorte de donner quelque chose à chacun.

Les enfants de Mukaandjaou étaient toujours les bienvenus chez moi. Ils venaient même s'y cacher pour échapper aux corvées. J'ai passé de longs moments avec eux. Ils sont devenus mes enfants. Surtout Kozondana, le fils aîné de Mukaandjaou, un petit garçon sensible et intelligent. Après toutes ces années, je le considère aujourd'hui comme mon propre fils. Nous sommes unis par des liens très forts, issus de ces heures passées ensemble chez moi à partager des tâches et des moments simples. Lorsque je suis arrivée à Etanga, Kozondana devait avoir environ trois ans. Je l'ai vu grandir, s'affirmer, trouver sa place dans la famille.

Kozondana n'a pas été envoyé à l'école car il devait s'occuper du bétail. Comme son nom l'indique, *Avec des veaux*, il est promis à un avenir. En tant qu'aîné et fils unique adopté par le chef, il doit hériter des bœufs de Pokanjo, le fils cadet du chef. Chez les Ovahimba, éleveurs de bœufs, posséder du bétail est un signe de richesse et de pouvoir. Kozondana voulait aller à l'école, mais sa grand-mère ne l'y a jamais autorisé. Un héritier ne peut pas aller à l'école. Pour les Ovahimba, conserver la tradition ancestrale au travers du culte du bœuf, prime parfois sur le fait d'aller apprendre en classe. À Etanga, il y a une petite école. Chaque année, l'instituteur doit emprunter une voiture pour se rendre au domaine familial des uns et des autres demander aux parents d'envoyer leurs enfants à l'école. Si beaucoup de parents accèdent à sa demande, le moment venu, certains n'envoient pas leurs enfants, tandis que d'autres les retiennent aux bergeries à la fin des vacances scolaires. Certains parents sont d'avis que les enfants apprennent à l'école à se distancer de leur culture.

Certes, beaucoup de ceux qui la fréquentent n'obtiennent pas de diplômes et les cas de réussite d'Ovahimba sont plutôt rares. L'une des raisons de leur échec est due aux absences répétitives. Certains finissent par trouver des petits boulots, mais en sortant de l'école, la plupart ne font pas grand-chose. Ils ne reviennent que sporadiquement dans leur village et ils ont fini par considérer leurs familles comme des gens arriérés, car eux savent lire et ont acquis des connaissances sur le monde, qui leur apparaissent comme étant une référence plus importante que celle de leur culture. Ainsi, ils naviguent entre deux eaux de la société. Kozondana n'a pas rejoint ces enfants-là, même si la loi namibienne actuelle rend la scolarité obligatoire.

Avec ma vision d'Occidentale, je trouvais dommage que cet enfant éveillé et brillant ne pût apprendre, mais je ne pouvais évidemment rien y faire. Alors, je lui offrais des petites maquettes simples d'avion, ou des cerfs-volants, à monter en me disant que cela stimulerait son intelligence. Kozondana m'aidait dans les tâches ménagères ou venait m'observer au bureau. À la cuisine, il adorait faire la vaisselle, s'adonnant au plaisir d'avoir les mains dans l'eau, d'y rester longtemps. Je lui avais appris à trier les déchets. Tout petit, il avait très vite compris la différence entre les organiques et les autres. C'était un enfant attachant, et beau à la fois, avec son visage sérieux et ses yeux légèrement en amande.

Avec sa sœur, Nguaarua, ils venaient souvent se réfugier sous ma tente pour ne pas être envoyés à faire paître les chèvres. Ils s'endormaient alors sur mon grand lit. Leur grand-mère Kapandi venait les chercher en criant leurs prénoms. Je lui disais que je ne les avais pas vus. Puis j'entrouvrais la toile de la tente et je lui montrais les deux petits endormis. Elle les réveillait rudement et les envoyait illico s'occuper des chèvres en leur rappellant que s'ils voulaient manger il fallait travailler.

Parfois, je les emmenais tous les deux en voiture au village situé à deux ou trois kilomètres du domaine familial. C'était une de leur plus grande joie. Il fallait demander l'autorisation aux parents. En général, ils la donnaient. La courte virée était joyeuse. Nous chantions à tue-tête tout en roulant. Le but de l'escapade était d'aller acheter des sodas au store. C'était notre sortie. Quand je m'arrêtais, ils restaient dans la voiture à m'attendre. Sur le chemin du retour, je faisais semblant de me tromper de route. Alors qu'à un endroit précis il fallait traverser l'oued à gué, je feignais de continuer tout droit. Au dernier moment, je rectifiais. À notre arrivée à la maison, les enfants racontaient l'épisode aux autres en riant et en se moquant de moi. J'étais vraiment incorrigible, je ne me rappelais jamais le bon chemin, ou bien j'étais tellement distraite que je manquais le virage. J'aimais ces moments de grand partage et de bonheur. Mukaandjaou et ses enfants ont longtemps été les plus proches de moi au sein de la communauté. Elle et moi, nous nous racontions nos histoires. Peut-être ne se mariera-t-elle jamais, même pas avec son amoureux qui venait quelquefois la voir et que j'ai aperçu une fois ou deux. Son avenir sera celui d'une célibataire. Elle vivra avec son fils, et elle et la femme de celui-ci seront obligées de composer l'une avec l'autre.

Dès mon arrivée, j'avais engagé une sorte de combat, contre moi-même et contre une montre dont l'heure n'avait pas de sens là où j'étais. J'avais ma caméra, mes ordinateurs, mon matériel photographique, mes assistants. Étrangère, je ne me rendais pas pleinement compte des conséquences de ma présence au sein de leur domaine. Même si je nouais des relations intimes avec plusieurs membres de la communauté, au début je restais sur mes gardes. Parfois j'étais irritée par la façon qu'ils avaient de me considérer comme une opportunité de richesse, de commodité et de prestige. Mes relations étaient par moments tendues avec les membres de ma famille hôte. J'avais l'impression de présenter pour eux un accès à tout ce qu'ils ne pouvaient pas avoir. La pression qu'ils exerçaient sur moi était constante, surtout au début. Ma voiture était notamment l'objet de toutes les convoitises. Tout était prétexte pour me demander de les emmener ailleurs. Comme je n'étais évidemment pas venue là pour faire en permanence le taxi, je refusais la plupart du temps, tout en laissant toujours de la place pour quelques personnes quand je me déplaçais pour mon travail.

Je compris bien plus tard que mon attitude leur avait valu au sein du village des railleries de la part des autres familles. Ils avaient dans leur maison quelqu'un qui faisait désormais partie de la famille, et cette personne, en l'occurrence moi-même, ne voulait pas partager sa voiture. Aux yeux des autres, tolérer mon refus revenait à une sorte d'aveu de faiblesse de ma famille, surtout pour le chef. Quelquefois j'acceptais tout de même de mettre ma voiture à disposition. Un jour par exemple, la petite Uepayee, la fille aînée de Kakaendona, s'était blessée à la cheville en sautant d'un arbre. Cet événement se déroula pendant mon deuxième séjour à Etanga, alors que je n'avais plus mon campement et que j'habitais dans une petite tente igloo. Cela n'avait pas l'air trop grave, mais elle ne pouvait pas marcher. Il fallait l'amener à la clinique située à deux kilomètres de là. Je refusai car je revenais d'un long et éprouvant voyage, arguant que lorsque je n'étais pas là, ils se débrouillaient et transportaient les malades comme ils pouvaient. Aussi, si j'acceptais cette fois, je risquais de devoir faire l'ambulance en permanence.

Ngavekupe, le mari de Kakaendona, ne voulait pas emmener sa fille, considérant que c'était à moi de le faire. Pendant deux jours, il resta assis sous un arbre en face de ma tente. Durant ces deux mêmes jours, je ne bougeai pas. À tel point que je n'avais plus d'eau car je ne voulais pas prendre ma voiture. Plus personne ne m'adressait la parole. J'étais le paria de la maison. Je restais sous ma tente et refusais de bouger. Kakaendona vint me voir :

– Il faut que tu m'aides, Kandavi, me dit-elle. Je ne vais quand même pas la porter sur mon dos comme un âne jusqu'à la clinique. C'est trop loin.

– Et si je n'étais pas là, comment ferais-tu ?

Elle essaya par tous les moyens de me persuader et je finis par craquer. Ngavekupe m'accompagna pour conduire la petite Uepayee à la clinique. C'était une punition dans le sens où je me sentais manipulée par lui. L'affaire allait tourner au drame familial et, finalement, elle fut réglée grâce aux arguments de Kakaendona. Ce petit incident aurait pu se produire mille fois. Lorsque j'étais installée dans mon grand campement, chaque personne qui venait me voir avait toujours quelque chose à me demander. Et comme toute la famille venait me dire bonjour tous les jours, c'était usant à la longue car c'était systématique. Souvent, cela se traduisait par des situations absurdes. Quelqu'un arrivait de loin, il avait soif et me demandait simplement de l'eau. Je refusais en me mettant en colère parce qu'il était la quinzième personne à me demander quelque chose depuis le début de la journée et que j'étais exaspérée. Les gens me prenaient un peu pour une folle dans ces cas-là et ne comprenaient pas pourquoi j'entrais dans une telle colère alors que j'avais d'énormes bidons remplis d'eau à portée de main. J'utilisais un argument rationnel pour essayer de leur expliquer que je ne pouvais pas donner de l'eau à tous ceux qui en demandaient. Car si je donnais à l'un, pourquoi n'aurais-je pas satisfait tous les autres ?

– Je suis là pour travailler. Aller me ravitailler en eau me prend au minimum trois heures en fonction de l'endroit où je vais la chercher. Ce sont trois heures que je ne peux pas consacrer à mon travail. Ça mobilise les assistants employés pour faire autre chose. Cela use les ressources limitées du projet.

Mais cette notion de temps et de gestion ne leur faisait ni chaud ni froid. Ils vivaient en fonction des saisons en s'adaptant à la position du soleil et du temps dans un vaste espace délimité par les règles de l'héritage. Alors qu'ils géraient avec prévoyance leurs troupeaux et pâturages, ils étaient indifférents aux règles de gestion d'un projet comme le mien. Alors j'essayais de parler de l'usure de la voiture que je devais faire rouler, du prix de l'essence, des notions qu'ils semblaient mieux prendre en compte, d'autant que certains d'entre eux avaient des voitures. D'ailleurs, quand la voiture était en panne, ils s'en rendaient bien compte et personne ne venait m'aider pour réparer, ni me demander de l'utiliser. Ils attendaient que je répare moi-même avant de se présenter. J'ai ainsi passé des heures désagréables. Ils étaient très habiles pour me déstabiliser. Souvent, ils se plantaient devant moi en me regardant dans les yeux :

– Alors, tu es une personne qui n'aide pas les gens !

C'était difficile de résister, mais j'étais obligée de tenir bon. Petit à petit ils comprirent. À la fin, j'arrivais même à les taquiner avec ça.

Un jour, plusieurs membres de la famille me demandèrent de les emmener dans un pâturage baptisé Omblisizaaho situé dans les montagnes, Ngamanga derrière la maison. Ils me harcelaient littéralement. Pour s'y rendre, il fallait traverser un oued dans lequel on restait ensablé deux fois sur trois. Il était plus aisé, et sans doute plus rapide, d'y aller à dos d'âne. De plus, je n'avais aucune raison de me rendre là-bas. Je me mis en colère et refusai catégoriquement de prendre ma voiture. Puis, j'explosai en criant sur le ton de la colère feinte :

– Quand est-ce que tu vas à Ngamanga ? Quand est-ce que tu m'emmènes à Ngamanga ?

Le chef envoya alors plusieurs enfants qui me tiraient par le bras en criant mon nom, « Kandavi ! Kandavi ! », et en riant, si bien que je rentrai ma colère et je me mis à rire avec eux.

Depuis ce jour, dès qu'on me demandait quelque chose, je répondais toujours la même phrase tout en riant. C'était devenu notre *private joke*. Lorsque j'allais au village où tout le monde me demandait soit de l'argent, soit de les prendre dans ma voiture, je regardais Kakaendona ou ceux de la famille qui m'accompagnaient et, en clignant de l'œil, je leur répétais tout bas : « Quand est-ce que tu vas à Ngamanga ? » Ils riaient discrètement et, quand nous étions seuls, ils disaient :

– Dis donc, c'est incroyable, dès qu'ils te voient, ils te demandent quelque chose.

Leur discours était un peu hypocrite car eux-mêmes n'hésitaient pas parfois à faire de même dès que nous étions de retour au domaine familial, mais cela me soulageait.

Avec le temps, j'appris aussi à mieux respecter leurs usages. Un jour, l'un de mes assistants m'expliqua que c'était impoli de m'énerver quand on venait me demander de donner quelque chose. Il ne fallait pas que je réponde que je ne voulais pas, mais que je ne pouvais pas. Même si ce qu'ils demandaient était dans ma main et qu'ils le voyaient, il fallait que je dise que je n'en avais pas. Dès lors, la demande tournait court. À moins que la personne me demandât de l'aider ; là, j'avais pratiquement l'obligation de le faire si je le pouvais. Ayant ainsi appris à distinguer la différence entre *donne-moi* et *aide-moi*, j'arrivais mieux à distinguer entre les vrais et les faux solliciteurs.

Au fil du temps, ils se rendirent compte que mon attitude était tout de même généreuse. Car si je refusais des demandes systématiques, je leur donnais beaucoup de choses lorsque je revenais de Windhoek : des vêtements et des chaussures pour les enfants, de la nourriture, de l'argent, des jouets, des boissons, des bonbons. Et quand ils me demandaient si je pouvais rapporter quelque chose et que je disais oui, ils pouvaient être sûrs que je le ferais. Ils finissaient par se contenter de ces biens consommables et ne demandaient plus constamment toutes sortes de choses. Nous avions réussi à atteindre une sorte d'équilibre. Chez eux, la seule richesse admise est le bétail, régi par des règles d'héritage strictes. Ils ne possèdent en propre que les moutons et les chèvres, les bœufs étant sacrés et ne faisant que traverser la vie de celui à qui ils sont confiés par héritage. Les autres biens matériels doivent être partagés par tous et dans l'immédiat.

Un autre jour, alors que j'étais seule au campement, un homme qui venait de très loin et que je ne connaissais pas me demanda de l'eau. Il avait soif. Je lui répondis que je n'en avais pas. C'était évidemment faux. Il me regarda comme si j'étais la chose le plus insignifiante existant sur terre. On ne peut pas refuser de l'eau à quelqu'un, même si c'est une véritable corvée quotidienne de se la procurer. J'allai ensuite m'asseoir sous un arbre. J'étais déstabilisée par cette péripétie. Je réalisai que je ne pouvais pas me comporter de la sorte, que j'étais allée trop loin. C'est incident fut un tournant.

Ces rapports assez complexes avec mes hôtes rejaillissaient sur toute la communauté. Comme j'allais le comprendre, les gens pouvaient être jaloux à cause d'un héritage jugé injuste : ils réglaient le problème en jetant des sorts. Ce n'était pas fondamentalement perturbant pour leur mode de vie. En revanche tout ce qui concernait la vie quotidienne de subsistance devenait un enjeu de jalousie puissant. C'était le cas d'Omukurukaze. J'avais l'impression qu'elle jalousait un peu Mukaandjaou et les rapports proches que nous entretenions toutes les deux. Elle lui disait souvent en parlant de moi :

– Tu vas encore manger avec ton amie, et nous on n'a rien. Elle ne nous donne rien.

De fait, je donnais souvent à Mukaandjaou de quoi manger pour ses enfants.

Le chef semblait, lui aussi, inquiet de ma relation avec ses enfants. Nous formions une sorte de bande, qui échappait à son autorité et dont il se sentait exclus. En dehors de la famille, Tjituere, le premier conseiller du chef, qui vivait dans la maison voisine, enviait ce dernier d'héberger une Blanche, avec tous les avantages qu'il imaginait que ça devait lui procurer, comme disposer d'une voiture, accéder à des biens matériels ou de la nourriture de la ville. Plus tard, un missionnaire s'installa à côté du domaine de Tjituere. Une certaine compétition non dite s'instaura alors entre les deux familles. Il avait une voiture et il allait partout où on lui demandait d'aller. Du coup, la jalousie revenait dans ma famille, ils venaient me dire :

– Regarde, chez Tjituere, le missionnaire les emmène tout le temps dans sa voiture. Il ne dit jamais non. Pourquoi tu ne fais pas comme lui ?

– Mais lui, il se déplace en même temps pour aller prêcher. Ça fait partie de son travail. Et il se fiche de l'endroit, du moment qu'il peut y faire ses prières, expliquais-je.

Pour éviter la jalousie des autres, Mukaandjaou et Kakaendona pouvaient rester distantes, voire froides avec moi, lorsque nous allions ensemble au village. Elles voulaient ainsi montrer qu'il n'y avait pas de rapports privilégiés avec moi. Au début, leur comportement me déroutait. Cela créait entre nous un certain malaise. Je ne comprenais pas pourquoi elles changeaient d'attitude devant les autres. Puis, avec le temps, je m'adaptai. Une autre source de convoitise venait des gens qui habitaient plus loin. Je faisais un peu de troc avec eux, mais nos échanges restaient cordiaux.

Les gens de ma famille comprirent que, face à ma gestion assez intransigeante de ces situations, ils avaient une arme infaillible pour me faire plier : le rire. Les enfants notamment s'amusaient à me demander des choses et, au bout d'un certain temps, ils me sautaient dans les bras en criant mon nom, en riant et en disant qu'ils plaisantaient. Je partais alors d'un grand éclat de rire et la tension retombait aussitôt. Si bien qu'il n'y eut jamais de rupture entre nous. Et ce ne fut pas grâce à moi, mais bien à cause de leur générosité. Ils ne m'ont jamais tenu rigueur de ma rigidité. Ils ont toujours su passer outre afin de conserver notre relation. Ce fut une précieuse leçon de vie. Ils n'ont par exemple jamais imaginé me demander de partir. Nous avons connu des conflits, mais finalement, je faisais partie de la maison et c'était cela le plus important. En définitive, avec cette famille qui m'a accueillie, nous formions une espèce de joyeuse bande de copains.

Si, avec le temps, j'ai tenu, ce fut essentiellement grâce au chef, sa femme et leurs enfants. La plus grande récompense à ma persévérance fut cette phrase qu'il prononça un jour :

– Tu sais, nous sommes semblables. On me dit que je suis un serpent. Mais toi, tu es un serpent à deux têtes.

Au départ, un peu déroutée par ses paroles, j'ai fini par les prendre pour un compliment. En privé, il me soutenait toujours dans les moments difficiles. Il était capable de m'amener à passer outre les événements en prenant simplement ma main dans la sienne. Il avait une manière de me prendre la main, puis de la jeter comme s'il me donnait son énergie, pour en quelque sorte me la laisser en héritage. Il me transmettait ainsi son savoir-faire. Il avait une incroyable connaissance de l'être humain. Aujourd'hui, il a rejoint ses ancêtres et ma reconnaissance à son égard ne cesse de croître.

Je me souviens de sa venue quotidienne le matin. Comme la plupart des membres de la famille, il venait boire un café au campement. En été, ils étaient là très tôt, dès le lever du soleil. L'hiver, c'était un peu plus tard. Le feu qu'on allumait nous réchauffait. Mon campement était sur le chemin de la bergerie, un lieu de passage obligé. Tous ceux qui passaient par là s'arrêtaient. Le moment était paisible. On se donnait les dernières nouvelles : c'était le *good morning news*. Le chef, mon père, était bien évidemment du nombre. Il recueillait là les informations sur ce qui se passait dans les différentes maisons. Sa fille aînée, Kapandi, ne manquait jamais de venir le saluer avec une tendresse marquée. C'était un moment d'échange, un peu ritualisé avec le temps. Pour eux, je faisais un café allongé, sans véritable force, car ils n'appréciaient pas le café serré. Ils ajoutaient une énorme quantité de sucre ainsi que du lait. Je m'en réservais un pour moi, du genre moulu, que je buvais sans sucre et sans lait. Ils me regardaient avec un certain dégoût lorsque je le dégustais, en disant que j'aimais boire du bois.

Pendant mes trois premières années à Etanga, j'avais installé une véritable maison faite de plusieurs tentes et auvents, le tout relié par des couloirs dont les sols étaient couverts de bouse. J'avais apporté au milieu de la brousse quantité de matériels, des ordinateurs, des appareils de prise de vue, une table de montage, un projecteur 16mm, du mobilier. J'avais une connexion Internet par satellite. Cela me permettait de communiquer rapidement avec Windhoek, la France et tous ceux qui soutenaient ou finançaient mon projet. D'ailleurs, mes hôtes comprirent très vite que je pouvais envoyer et recevoir des images et des messages. Un jour, Uauhareka vint me trouver car il avait un message très important à adresser au ministre de la Santé. Il se plaignait de l'infirmière qui était en poste à la clinique. Il lui reprochait de ne pas vouloir accueillir les gens en dehors des horaires ouvrables, même s'ils avaient marché des kilomètres pour se faire soigner. Il voulait aussi dévoiler que cette femme quittait son poste pour aller faire du commerce dans l'oued pendant la période des enchères à Etanga. Uauhareka me dicta son message d'un seul trait. Il avait tout en tête. Je me permis juste de corriger sa dernière phrase dans laquelle il disait qu'ils ne voulaient pas d'une infirmière Ovambo, ils voulaient soit un Omuherero, soit un Omuhimba. Je pensais que ce n'était pas la peine d'en rajouter après les griefs expliqués plus haut. J'expliquai à Uahareka que son comportement n'avait rien à voir avec le fait qu'elle était Ovambo. Il accepta que j'enlève cette phrase. J'envoyai le message par voie électronique à Herman, un ami éditeur à Windhoek. Ce dernier le fit imprimer sur du papier à lettres fit livrer la réclamation dans le bureau du ministre de la santé, une femme qui avait des origines Ovahimba.

Une semaine plus tard, une voiture du ministère arriva avec une nouvelle infirmière et repartit avec celle qui était critiquée par la communauté. La personne qui conduisait voulait savoir qui avait écrit la lettre. Uahareka et les autres me prévinrent et me demandèrent de ne pas venir à la clinique. Il expliqua que ce n'était pas parce qu'il ne savait pas écrire qu'il n'était pas capable de dire à quelqu'un d'autre ce qu'il fallait écrire. Tout le monde savait que c'était moi qui avais écrit, mais les membres de la communauté me protégeaient car je leur avais permis de manière très efficace de régler rapidement un problème qui, autrement, aurait traîné en longueur. Comme je l'avais dit dès mon arrivée, mes moyens de communication pouvaient servir à la communauté. Mais c'était uniquement pour des raisons importantes car les communications par satellite coûtaient très cher et le débit était très lent : même pour envoyer un simple email, la communication prenait beaucoup temps.

Quant à ma maison, elle était faite de diverses pièces de toile tendue, de couloirs à l'air libre, d'une tente bureau, de tentes igloo pour mes assistants, de petits coins secrets. J'avais créé un palace de tentes aux allures rustiques et compliquées à la fois. Ce fut un véritable lieu de vie et une station de recherche que j'occupais avec mes assistants, dont le but était d'étudier et de documenter la vie des gens, dans le dessein de réaliser des films, d'écrire des livres et d'éditer des photographies. J'étais l'anthropologue et la cinéaste, venue avec mes certitudes, mes caméras et mes ordinateurs. Par moments, il m'arrivait de me demander ce que je faisais là. Pour répondre à cette même question réitérée des journalistes de passage, je disais que j'étais venue à Etanga pour chercher l'amour. Ce qui n'était pas faux si l'on considère que l'amour est la motivation principale de l'être humain, mais c'était toutefois une raison inavouable pour un chercheur. Au début, je ne me rendais pas compte de l'incongruité de mon installation parmi des gens pour qui la possession matérielle est constituée par le bétail et dont l'interface de vie quotidienne est construite autant par la conception d'esprit que par des matériaux organiques trouvés là où ils sont. Ils dorment dans des cases faites de branches dont les parois et le sol sont couverts de bouse de vache et tapissés de peaux de bœufs. Leur conception de l'être comprend une part importante de spiritualité, ce qui est invisible pour le non initié. C'est cet aspect de leur vie qui peut conduire des Occidentaux à dire qu'ils vivent de rien, ou pire encore, qu'ils n'ont besoin de rien, pour ne citer que quelques exemples. Avec le temps, j'ai ainsi compris que j'avais à mon insu planté mes piquets à un endroit sacré, c'est-à-dire à l'emplacement de l'ancienne maison du chef, domaine familial que son père le grand chef Veripaka, lui a permis d'établir à côté du sien.

*La route d'Okahandja est jalonnée de grandes courbes serpentant sur la plaine. Elles rendent difficile et dangereux le dépassement des camions. C'est la route des périls de la circulation. Je suis tendue. Mon bakkie n'est pas véloce, et c'est tant mieux sur cette route encombrée de conducteurs qui me dépassent à des vitesses folles. En vue d'Okahandja, je quitte la route pour rejoindre le village. Je laisse le flot des grosses cylindrées qui foncent vers l'ouest pour rejoindre la station balnéaire de Swakopmund. Le bourg d'Okahandja est enfin en vue. Je m'arrête d'abord au magasin de plantes pour acheter celles que je planterai dans mon potager d'Etanga, du basilic et du thym en pot et quelques variétés de graines. J'achète aussi pour mes amis d'Etanga. Ils m'ont passé des commandes pour leurs jardins d'été : maïs, haricots et potirons. Je ne dois rien oublier et compter trois à quatre sachets par type de plante pour n'oublier personne. J'installe les petites plantes en pot à l'arrière de mon bakkie pour les protéger, avec les sachets de graines.*

*Je reprends le volant. Au-delà d'Okahandja commence la vraie route. C'est le veld. Je file vers Otjiwarongo, l'esprit moins tendu. Je roule plus vite, pied au plancher, ce qui se traduit par une vitesse comprise entre quatre-vingts et cent vingt kilomètres à l'heure en fonction de l'inclinaison. Cigarette aux lèvres, lunettes noires, chapeau vissé sur la tête, je fonce vers le nord-ouest. Le veld, c'est la savane, par endroits une sorte de brousse dense, par d'autres des plaines arides. C'est la région des grandes fermes tenues par les fermiers commerciaux, le plus souvent des Blancs, mais des Noirs se sont joints à eux depuis l'indépendance du pays en 1990. Beaucoup se sont reconvertis dans les safaris de chasse organisée. On y vient du monde entier pour rapporter un trophée de chasse payé à prix d'or. Le plus grand danger de cette partie de mon voyage, ce sont les animaux sauvages. Ils peuvent surgir à tout moment et traverser la route. Ce sont des girafes, des oryx et autres phacochères. Tout en mâchonnant des chips et du biltong, cette viande séchée et salée que l'on trouve partout en Afrique australe, je scrute la route, j'épie les fourrés et j'admire le paysage.*

*Ma cassette égraine des musiques à faire pleurer, et mon esprit vagabonde. Seule au volant de mon 4x4 sur une route peu fréquentée en train d'écouter Yves Montand dépliant délicatement* Les feuilles mortes*, je suis chez moi. Je retrouve les paysages de mon enfance lorsque j'allais passer des séjours dans la ferme de mes grands-parents dans le Kalahari. C'est l'Afrique familière où j'emmène ma part française, si étrangère à ces mondes austères et beaux à la fois. Je fredonne les airs de ma programmation aléatoire alors que* *mon esprit vagabonde. Je me souviens des virées avec les filles d'Etanga.*

Pour aller voir les chutes d'Epupa sur le fleuve Kunene qui marque la frontière avec l'Angola, j'avais proposé à Kakaendona et Kapandi de m'accompagner. C'était plutôt rare pour des femmes de voyager seules, notamment sans raison apparente. Pour cette virée entre filles, nous avions pris la route un matin à l'aube, un peu pour nous éclipser sans trop attirer l'attention. Nous étions passées à toute vitesse devant l'échoppe d'Etanga, pour éviter que des gens qui y faisaient du stop nous demandent de les emmener... C'était vers la fin de mes sept années à Etanga. La fille d'un ami français était aussi avec nous. En Afrique australe, où les stigmates invisibles de l'apartheid sont encore présents dans les esprits, cela avait quelque chose d'incongru de voir quatre filles dans un 4x4 qui voyageaient seules : deux Blanches et deux Noires. Notre escapade était à la fois une subversion des coutumes locales ainsi que de l'esprit blanc de mon enfance toujours en vigueur malgré les apparences.

Nous sommes arrivées le soir près d'Epupa, haut lieu touristique situé entre deux pays africains dont l'un, l'Angola est fraîchement sorti d'une guerre civile. Une contrée étrange et magnifique, éloignée des grands centres, livrée à un certain esprit de *no man's* land. Il y avait plusieurs campings commerciaux. Je jetai mon dévolu sur le camping communautaire situé près des chutes. Il était en co-gestion avec Koos Verwey, qui avait un autre campement touristique plus près de l'embouchure de la rivière à Otjinungwa. Il faisait nuit. Je savais que notre équipage hors norme pouvait susciter de l'intérêt. Par précaution, j'ai garé la voiture à l'entrée du camping et je suis allée demander seule s'il y avait de la place pour une tente de quatre personnes. J'ai choisi un emplacement qui donnait droit sur les chutes et je suis retournée chercher mes compagnes de route pour les y conduire. Nous nous sommes installées à la lueur de nos lampes torche. Nous avons mangé, puis nous avons grillé des marshmallows sur le feu. Tard dans la nuit, nous nous sommes couchées sous la tente.

Le lendemain matin, le gérant du camping est venu pour enregistrer notre place et se faire payer. Nous étions en train de prendre notre petit déjeuner et l'homme est resté bouche bée en nous voyant. Sans trop le dire, les gérants des lieux touristiques, en pratiquant le « droit d'entrée réservé aux clients », tiennent les Ovahimba en dehors de leurs établissements, sous prétexte de ne pas vouloir déranger leurs clients. Ce devait être la première fois que des Ovahimba venaient au camping en hôtes, qui plus est accompagnées de deux étrangères. Habituellement les gens venaient là justement pour voir des Ovahimba qui vivent aux alentours des campements, et là deux femmes Ovahimba étaient des touristes en train de déguster leur petit déjeuner : petits pains, beurre, confiture et café. Il m'a demandé pourquoi je ne lui avais pas dit la veille que j'étais avec des femmes Ovahimba. Avant même que j'ai pu lui répondre, Kapandi l'a regardé. Elle n'avait peut-être pas compris les mots prononcés, mais elle avait saisi le sens de la question. Elle lança sur un ton déterminé et fier, le foudroyant du regard :

– Qu'est-ce que tu veux savoir ?

L'homme ne prononça pas une parole de plus. L'incident était clos. Il m'a tendu la facture, que j'ai payée, puis il est parti en nous souhaitant bonne visite.

Quelques minutes plus tard, des touristes, qui passaient par là pour sortir du camping, nous découvrirent. Aussitôt, ils sortirent leurs appareils photo. Je leur dis qu'il fallait demander à mes amies avant de prendre des photos, sinon de nous laisser tranquilles. Gênés, ils ont donc demandé, et Kapandi et Kakaedona de communiquer leur tarif. Ensuite, elles ont demandé de l'argent pour chaque cliché de touriste. Mais certains prenaient des photos de loin. Je marquais le coup à chaque fois en leur disant que la moindre des choses serait de demander la permission de prendre une image. Mais les touristes ne comprenaient pas. Comme ils nous voyaient avec Kapandi et Kakaendona en train de parler et de rire, ils les croyaient faciles d'abord. Ce n'était en rien moi qui les intéressais ; ma présence leur donnait juste l'impression d'une interface utile, tout en essayant d'éviter de m'avoir dans leurs clichés. Nous étions une curiosité. Et comme le lieu des chutes d'Epupa est propice au spectacle, nous faisions partie du décor en quelque sorte. Il était donc naturel de nous photographier parmi cette nature magistrale. Nous étions néanmoins quatre filles en vadrouille. Nous allâmes au bord de ces chutes au vacarme assourdissant. Le spectacle grandiose valait le voyage ; le bouillonnement permanent de l'eau se jetant dans l'abîme, la brume qui jaillissait de la cataracte, le tout contourné de palmiers aux feuilles turquoise et enserrées dans une végétation débordante.

Kakaendona était enceinte d'environ cinq mois. Elle se penchait pour voir le fond du précipice vertigineux. Kapandi et elle n'avaient jamais rien vu de pareil. Elles étaient époustouflées, fascinées par l'eau bouillonnante. L'endroit était dangereux. Par mégarde, il était déjà arrivé que des touristes y tombent, en aval des chutes, où qu'ils meurent emportés par la violence du courant. Les Ovahimba disent que les touristes qui tombent servent de nourriture aux crocodiles. Au bout d'un certain temps Kapandi dit à sa jeune sœur de se reculer :

– Éloigne-toi de l'eau, sinon elle va attirer l'enfant.

En d'autres termes elle lui disait que l'eau pouvait lui faire perdre ses eaux. C'était pour moi exceptionnel de nous voir toutes les quatre dans ce lieu. Pour la première fois, je prenais un peu de temps avec celles que j'aimais, sans penser à mon travail d'anthropologue, juste pour le bonheur d'être ensemble, de partager. Les gens autour de nous ont fini par nous laisser tranquilles. Ils voyaient que nous n'étions pas en représentation et que nous étions libres d'aller où nous voulions, de faire ce que bon nous semblait comme un groupe d'amies.

Sur la route du retour, entre Epupa et Opuwo, Kakaendona eut une subite envie de manger de la viande. Cela faisait plusieurs jours que nous partagions nos repas à la manière occidentale, sans viande fraîche et avec peu de protéines. Kakaendona, avec l'enfant qu'elle portait, était en manque ; il lui fallait des aliments plus riches. J'arrêtais donc la voiture dans le premier petit bourg traversé. Un endroit un peu inquiétant, voire risqué, où les touristes évitaient en général de s'arrêter trop longtemps. C'était un lieu de passage où pillards et gens sans scrupule venaient parfois commettre leurs méfaits. Nous allâmes rapidement acheter de la viande cuite. Les morceaux dégoulinaient de graisse dans nos mains. Je proposai de manger dans le 4x4. Kapandi, Kakaendona et moi, nous avalâmes goulûment la viande, mais la jeune fille, rebutée par l'aspect brut de cette nourriture, refusa de nous imiter. Je me dis à cet instant que j'étais devenue un peu Ovahimba, ayant compris qu'il faut manger hors du regard des autres, tout en restant bien Occidentale, car étant trop pressée pour m'arrêter de manger.

Pour Kapandi et Kakaendona, cette virée fut une première expérience de voyage en dehors des déplacements faits dans le cadre de la vie familiale. Jusque-là, nous avions voyagé ensemble pour aller chercher des pierres rouges dans les montagnes ou bien pour assister à des enterrements ou d'autres cérémonies. Aller voir les chutes d'Epupa, c'était nos premières *vacances*, nous n'étions d'un seul coup plus une équipe composée d'un chercheur et des membres d'une communauté étudiée mais des touristes entourées d'autres voyageurs dans un des hauts lieux du tourisme namibien. Lors d'un arrêt sur la route du retour, un homme avait reconnu les filles du chef et s'était approché de la voiture pour leur demander si leur père était du voyage. Comme elles faisaient non de la tête, il avait alors demandé pour quelle raison les filles du chef voyageaient seules. Kakaendona avait trouvé les mots justes :

– On fait juste un petit tour pour voir les environs.

L'homme était resté coi, et nous avons repris la route du retour. Au bout de ce week-end, nous sommes rentrées à Etanga, riches de nouveaux souvenirs, que nous avons pris grand plaisir par la suite à raconter au chef et au reste de la famille.

*La route entre Okahandja et Otjiwarongo est un enchantement, mais elle doit être abordée avec précaution. Des animaux sauvages, surtout ces intrépides phacochères qui investissent les bas-côtés à la recherche d'herbe fraîche, peuvent traverser la route à n'importe quel moment. Un choc avec l'un d'eux détruirait ma voiture. J'ai vu par le passé d'horribles accidents causés par ces animaux. La brousse est dense de chaque côté de la route. Les acacias aux longues épines forment un écran qui masque l'horizon, excepté lorsque l'on se retrouve en haut d'une colline. Le regard se perd alors dans le lointain de ces paysages de collines à perte de vue, se succédant en bandes de couleur vert sombre, puis vert paille et bleu gris jusqu'à toucher le ciel bleu de la savane solitaire du Nord-Ouest namibien. Mes musiques à faire pleurer emplissent ma tête, mais je veille à ne pas me laisser aller, je dois rester concentrée sur la route.*

*À quelques kilomètres d'Otjiwarongo, j'envoie un sms à mon ami Jaap pour qu'il prépare le café. Il tient la petite supérette de la station-service Total. Une grande gueule qui jure comme un marin mais un homme au cœur d'or. Il m'a aidée au début lorsque je suis venue m'installer à Etanga et il est resté un fidèle ami. Il est tard. Lorsque j'arrive, mon café m'attend. Jaap est aussi un grand buveur et un faiseur de barbecue hors pair. Je ne prendrai pas la route de nuit. Je passe la soirée avec Jaap et sa compagne, et je dors sur place pour reprendre la route reposée.*

*Je repars aux petites heures du matin. J'ai juste avalé une pomme et de l'eau. Ma prochaine étape est Outjo, une petite bourgade au carrefour du nord de la Namibie où des routes en provenance de l'est et ouest se croisent ; à l'est se situe le pays des Ovambo et le*

*Caprivi, à l'ouest celui des Damara et des Ovahimba. Je m'arrête pour acheter quelques pâtisseries dans une boulangerie qui poursuit une certaine tradition germanique de confiserie. Il s'agit des* Wiener Brot, Schwarzer Waldkuchen *et autres* Apfelstrudel *en version africaine, c'est-à-dire en portions plus grandes, couvertes d'une épaisse couche de crème fraîche des vaches namibiennes nourries de la savane africaine.*

*À l'aube, je m'arrête à la station-service de Kamanjab pour faire le plein et pour essayer de trouver quelqu'un pour réparer un pneu crevé. Il y a un groupe d'hommes en tenue de chasse. Ils ne me disent pas bonjour, mais me regardent en coin quand je suis penchée sur mon moteur, capot ouvert, pour vérifier les niveaux. Une femme seule sur cette route avant le lever du soleil, qui s'occupe elle-même de sa voiture, ne peut en aucun cas être une des leurs. Je leur dis bonjour à haute voix en afrikaans. Ils hochent rapidement de la tête et s'en vont en trombe vers leur partie de chasse, me laissant seule avec mon pneu crevé. Le vendeur d'essence vient enfin m'aider en m'expliquant qu'il travaillait auparavant pour un des chasseurs sur sa ferme. Je comprends alors pourquoi il m'a laissée me débrouiller seule jusqu'à leur départ ; le joug de la servitude a encore du poids sur lui. Je repars un peu mélancolique, des larmes d'émotion accrochées aux cils, à l'écoute de mes musiques. Même si j'ai depuis des lustres choisi le chemin de l'exil et du même coup un éloignement définitif de ce monde des Afrikaners, être ainsi témoin de leur univers, voire être l'objet de leur mépris, me laisse toujours un peu triste. C'est le grand moment des interrogations et des regrets, des souvenirs et d'une enfance à jamais perdue.*

Au Kaokoland, les hivers sont secs, et dès l'arrivée de la saison chaude, on guette l'horizon pour y discerner un avantsigne de la pluie tellement attendue. Aussitôt les premières gouttes tombées, on s'affaire pour préparer les berges de l'oued afin d'y planter des grains dès la deuxième belle cascade. Souvent on emploie un homme étranger, ovambo ou omugambwe, pour réparer ou construire un enclos d'arbustes épineux autour des jardins qui empêchera les bœufs et autre bétail de manger les jeunes pousses. Quand la végétation commence à pousser et verdir, on n'a plus besoin de conduire le bétail aux lointaines bergeries ni de creuser les puits profonds de trois niveaux pour abreuver les bêtes par temps très sec. Les bœufs sont donc dans des pâturages à proximité des jardins, ce qui nécessite une surveillance permanente, tâche ingrate le plus souvent confiée aux enfants, qui consiste à rester en bas dans les jardins jour et nuit. Mais c'est aussi le temps des loisirs ou de la réfection des vêtements faits de cuir et de pièces en fer.

Je savais que l'accouchement de Mukaandjaou était proche. Elle attendait son quatrième enfant. Pour la première fois j'avais peut-être la possibilité de filmer un tel événement avec tout le rituel qui l'entoure. Je savais aussi qu'il me fallait son consentement et celui de la famille pour pouvoir ne serait-ce qu'être témoin de l'accouchement. J'avais abordé la question, mais Mukaandjaou n'avait jamais consenti par plus qu'un « Oui, on verra. » Depuis quelque temps déjà, elle était moins résistante à l'effort. Elle faisait partie du petit groupe de femmes qui entretenait ma case en l'enduisant de bouse mélangée à de la cendre, de l'eau et de la terre spéciale de termitière. C'était un travail physiquement difficile pour lequel je rémunérais mes hôtes. Le noyau toujours présent était composé de Kapandi en chef d'équipe, puis Kakaendona,

Mukaandjaou, Kukatepa et Katjekere. Occasionnellement, pour de gros travaux, d'autres femmes venaient se joindre à l'équipe, dont Omukurukaze, l'épouse du chef. À la fin de sa grossesse, je ne voulais plus que Mukaandjaou travaille la bouse ; j'avais peur qu'elle ait un accident. Elle, calmement, venait travailler avec les autres en me rappelant qu'elle n'était pas malade.

Je m'étais fait construire une case quelque temps après mon arrivée à Etanga. Auparavant ma tente bureau me servait aussi de chambre. Elle faisait quatre mètres sur quatre, et était couverte d'un toit pare-soleil. J'y avais installé un grand lit qui côtoyait mes ordinateurs juchés sur des tables pliantes en métal. Il y faisait très chaud, de jour, comme parfois de nuit. Je rêvais de bénéficier de l'aération naturelle d'une petite maison en bouse et je décidai de me faire construire une case. Les Ovahimba ne construisent pas leurs habitations. Ils font appel à d'habiles bâtisseurs d'une ethnie parente, les Ovagambwe. Ces derniers vivent parmi les autres peuples de langue otjiherero dans la partie nord-ouest de la Namibie et sud-ouest de l'Angola. Un homme prénommé James fut le constructeur de ma case. Il construisait habituellement les enclos à bétail pour les habitants d'Etanga.

Je voulais une case rectangulaire, faite d'une seule pièce, en bois, avec deux fenêtres, un lit en lattes de bois et un plancher, deux éléments incongrus dans cette partie du Kaokoland où les maisons sont rondes. Elles ne comportent pas de fenêtre et ont toutes un sol en bouse à même la terre. Pour moi c'était l'assurance d'être protégée des serpents et des scorpions. Ma demande était par conséquent assez originale, et James accepta de construire ma maison dont les dimensions modestes de deux mètres cinquante sur quatre ne nécessitaient pas néanmoins un important travail.

Le plus difficile fut de trouver le bois qui servirait à construire murs, plancher et toit. Il fallait de longs arbres pour couper des sortes de poteaux droits. Il n'y en avait pas à proximité immédiate. Mais le domaine familial de Nuku, l'oncle de Musisi, un de mes assistants, était à Wakapawe, à une vingtaine de kilomètres d'Etanga et il y avait des parcelles boisées où nous pouvions trouver tous les matériaux dont nous avions besoin. Par l'intermédiaire de Musisi, je lui demandai l'autorisation de couper quelques arbres, ce qu'il accepta. C'est ainsi qu'un matin nous partîmes, Tjomi, Musisi, Toori, le fils de Nuku, James, le constructeur et moi, chercher nos précieux poteaux. Le travail était harassant, il fallait abattre les arbres avec une hache peu performante et débiter les morceaux à la bonne longueur. À la fin de la matinée, je décidai de rapporter les premiers morceaux dans mon 4x4 et de laisser James seul continuer son travail d'abattage. À mon retour au domaine, chargée des éléments qui allaient constituer ma future case, le chef m'attendait. À peine étais-je descendue de voiture qu'il entra dans une colère noire.

– Mais qu'est-ce que c'est que ça ? Qui t'a autorisée à aller couper des arbres ?

– C'est Nuku, je suis allée chez lui.

– Nuku dit ce qu'il veut. Qui est Nuku pour autoriser quelqu'un à abattre des arbres ? Je suis le chef. Qu'est-ce que je vais dire aux responsables de la protection de la flore ? On n'a pas le droit couper les arbres.

Je ne l'avais jamais vu dans un tel état. Il s'était engagé devant l'administration à faire respecter l'interdiction d'abattage des arbres destinée à lutter contre la déforestation. À cette époque, je ne comprenais pas bien pourquoi il était tellement fâché. J'essayais de me justifier. J'étais sûre d'être dans mon droit. De plus j'avais l'autorisation du propriétaire. Mais ce que je n'avais pas compris, c'est que Nuku avait beau être plus riche que le chef et disposer d'une forêt dans ses pâturages, il devait demander l'autorisation à l'autorité, c'est-à-dire au chef. C'était le sens de la question de celui-ci. Kakaendona qui était présente me défendit.

– Cette personne, tu l'as accueillie chez nous, tu l'as adoptée comme un enfant de la maison, dit-elle en s'adressant à son père. Si elle a besoin de se faire construire une maison, elle a besoin de bois, laisse-la faire.

Le chef ne dit rien. Sa colère s'apaisa vite, et il me laissa construire ma petite case. En quelques jours les murs, le plancher et le toit furent édifiés. La forme de ma case était assez originale. Elle impressionnait beaucoup Uauhareka. Il fit construire chez lui une maison comme la mienne en modèle réduit. Je remarquai aussi, quelque temps plus tard, que dans d'autres endroits des gens s'étaient inspirés de ma petite maison. J'avais créé une tendance.

Je me rendis compte très rapidement que les murs et le toit en bois ainsi réalisés ne suffisaient pas. Il fallait recouvrir le tout d'un enduit pour isoler l'intérieur, empêcher l'air et la pluie de passer à travers les interstices entre les poteaux de bois. C'est ainsi que je fis appel aux femmes pour enduire le tout d'une couche d'une sorte de torchis fait de bouse de vache mélangée à de la terre de termitière et de la cendre. C'était un gros travail car il fallait une grande quantité de bouse et il fallait aller chercher beaucoup d'eau au puits situé à côté de l'école dans le village d'Etanga, puis dans l'oued pour ne pas puiser trop dans cet unique point d'eau des environs.

Tous les après-midi, Kapandi et son équipe venaient travailler au campement. Vers la fin de l'après-midi, j'arrêtais mon travail pour me joindre à cette joyeuse équipée et me faire la main avec l'enduit de bouse. Après la journée de travail, nous nous retrouvions entre filles dans ma case pour boire un verre. C'était vraiment un moment d'échange entre femmes. De plus, elles pouvaient ainsi gagner un peu d'argent car je les payais.

À cette époque, Mukaandjaou était donc enceinte, mais elle ne voulait pas arrêter le travail. Je la prévenais en permanence que je ne voulais pas être tenue pour responsable s'il arrivait un accident. Il fallait notamment aller chercher de la bouse fraîche dans l'oued. Un travail éprouvant car les seaux étaient lourds et les femmes se les lançaient littéralement de l'une à l'autre.

– Il faut que tu arrêtes d'aller dans l'oued, lui dis-je inquiète.

– Mais pourquoi ? Je ne suis pas malade.

Je réussis néanmoins à l'obliger à ne rien porter de lourd le dernier mois. La veille du jour de l'accouchement de Mukaandjaou, je sentis qu'elle avait changé. Je compris que c'était imminent. Je lui demandai si je pourrais être à ses côtés pour filmer, mais elle ne me répondit pas vraiment. Son regard se perdit au-delà de moi-même comme elle savait le faire. Sans doute ne voulait-elle pas refuser, mais en même temps cela la gênait. Nous convînmes enfin que quelqu'un viendrait me prévenir le moment venu.

Mukaandjaou était assise sous un arbre, un peu à l'écart. Non loin de là, une couverture était tendue par-dessus un petit arbre pour faire un peu d'ombre, par terre il y avait une peau de bœuf. Elle attendait que l'enfant vienne. Son regard était étrange. Elle était un peu distante avec moi, mal à l'aise. Les vieilles femmes attendaient près d'elle sous l'arbre. D'autres, plus jeunes, étaient postées dans les parages pour éloigner les importuns. Ce n'était pas encore le moment. Je ne m'approchai pas d'avantage et repartis sous ma tente.

Plus tard on vint me chercher. Mukaandjaou était sous l'arbre. L'enfant venait de naître. Elle le tenait sur ses genoux, le regard toujours absent. Une vieille sage-femme était en train d'enlever le placenta. Je ne filmai pas, tant j'étais touchée par la scène. Les vieilles femmes chantaient en tapant des grosses pierres les unes contre les autres, pour empêcher certains esprits de s'en prendre à la nouveau-née. L'atmosphère était grave et sereine. Je m'assis près de Mukaandjaou sans la regarder. Il fallait lui accorder l'intimité nécessaire à ce moment.

Une des femmes, emporta le placenta pour l'enterrer dans un lieu secret. Il ne fallait pas que les hommes le trouvent, car ils pouvaient le vendre aux jeteurs de mauvais sorts. Ensuite on demanda à Mukaandjaou de retourner dans la case de Kapandi. Elle devait marcher une quinzaine de mètres. Elle devint pâle, les yeux brouillés. Elle s'évanouit deux fois. À chaque fois, on éclaboussa son visage d'eau, puis elle trouva l'énergie nécessaire pour se lever et atteindre la case où elle s'assit sans prononcer un mot, sans montrer aucun signe de souffrance. Je restai longtemps avec elle sans parler. Elle était assise, le bébé sur ses genoux. Elle ne parlait pas. Son regard était perdu. L'événement était achevé. L'ordinaire mise au monde d'un enfant ovahimba n'avait troublé la famille que quelques heures, et la vie reprenait son cours. Je n'avais rien filmé. Le bébé, une petite fille, se prénommait Uapepererua. Cet événement se produisit bien après que ma relation avec Mukaandjaou fût devenue un peu tendue. L'intimité du moment nous permit de renouer un peu les liens. Je suis retournée à mon campement pour aller lui chercher du café, des biscuits et quelques pommes. Puis, je l'ai laissée se reposer.

Des membres de la communauté m'avaient demandé de les aider à mettre en place l'accueil de touristes dans le camping local. À mon arrivée à Etanga, l'emplacement existait déjà. Un organisme de développement, Nolidep[2], avait déjà financé la construction de quelques petits bâtiments, mais l'aménagement n'était pas terminé. L'endroit était situé un peu à l'écart du village, au bord de l'oued. Il était planté d'immenses acacias qui portaient leurs ombres étirées sur une sorte de pelouse plate idéale pour planter une tente. Le pilote

2. Northern Regions Livestock Development Project, section du Fonds international de développement agricole (FIDA), une agence spécialisée de l'Organisation des Nations unies pour l'alimentation et l'agriculture, co-financée par le gouvernement namibien.

du projet Nolidep, Kamanga, avait fait poser des pierres pour délimiter des emplacements qui avaient la taille et la forme d'une place de parking, avec derrière un rectangle plus grand pour planter une tente. Le problème était qu'il avait fait cela en plein milieu de l'espace, à des endroits qui n'avaient pas d'ombre, alors que tout campeur, sous ces latitudes, cherche à se mettre sous un arbre pour bénéficier de son ombre au moins une partie de la journée. Des robinets étaient disséminés sur le terrain. Des petites plates-formes de béton permettaient de faire du feu et une citerne alimentait des douches sommaires. Si le camping était bien tenu, il pouvait être attractif pour les touristes. L'équipement existait, mais personne ne s'occupait de la gestion. C'est la raison pour laquelle on me demanda de le prendre en charge. Dans un premier temps, je refusai, car je ne voulais pas m'éloigner de mon travail. Comme certains des anciens insistaient, je m'y suis finalement résolue, à la condition que tous les problèmes financiers antérieurs soient réglés. Car, selon certains, Kamanga n'avait pas payé tous les salaires des gens qui avaient travaillé sur le camping. Les travaux n'étaient pas complètement terminés. Je ne voulais surtout pas gérer ces rancœurs latentes car je savais qu'en définitive cela créerait des conflits sans fin. De plus, j'avais critiqué la réalisation et notamment les emplacements délimités en plein soleil par des pierres, en expliquant à Kamanga l'incongruité de leur disposition.

– Un touriste qui vient là doit pouvoir se mettre à l'ombre, protéger sa voiture et s'isoler des autres campeurs, lui expliquai-je.

Il ne voyait pas mes remarques d'un bon œil car elle venaient appuyer des récriminations déjà présentes parmi ceux qui avaient participé au projet.

Les anciens, et notamment Tjituere, le premier conseiller du chef, insistèrent tellement pour que ce soit moi qui gère ce « restcamp », notamment la caisse et ses recettes, que je finis par accepter. J'avais fixé des règles selon les usages et l'argent ainsi généré devait servir à la communauté et ne pas aller dans la poche de quelques-uns. Ce n'était pas facile à faire comprendre à un peuple chez lequel les biens matériels, hormis le bétail, doivent être partagés entre tous. Cependant, dans la pratique, c'était le premier arrivé qui était le premier servi. Lorsque des touristes arrivaient, c'était celui ou celle qui les accueillait et les plaçait qui empochait l'argent sans le mettre dans la caisse. Je me battais pour faire cesser cette pratique mais ce n'était pas facile. J'étais responsable de l'argent dont l'objectif déterminé par la communauté était qu'il serve au développement communautaire. Mais certains membres de la communauté avaient beaucoup de mal à accepter cela malgré l'encadrement qui accompagnait le projet. Nolidep avait notamment offert une formation à plusieurs personnes du village pour leur apprendre à gérer ce camping et d'autres projets communautaires. Cela se passait à Opuwo et j'avais d'ailleurs demandé que les participants soient aussi bien des femmes que des hommes. J'avais aussi demandé que quelqu'un entretînt en permanence les douches et l'approvisionnement en eau, ce qui n'était pas évident au départ. Mais finalement l'organisation arriva à se mettre en place tant bien que mal.

Un soir, tard, Mukaandjaou vint me trouver, et à mon étonnement me demanda de lui donner l'argent de la caisse du camping. C'était Uauhareka, qui l'envoyait, un Tjambiru, fils de Ndoozu, un cousin du chef. Je l'avais pas mal aidé auparavant, en payant notamment pour le faire sortir de prison où il s'était injustement retrouvé pour une histoire de bœuf volé et vendu par quelqu'un d'autre sous son nom à lui. Il n'osait pas venir me demander directement l'argent. Il avait envoyé Mukaandjaou parce qu'il savait que j'étais très proche d'elle et cela lui évitait de s'approcher de la maison d'une femme la nuit. Il attendait sous un arbre à quelque distance de là.

– Uauhareka veut savoir s'il peut venir chercher l'argent, me dit-elle.

– Je n'ai pas le droit de donner cet argent sauf sur décision du bureau. Et puis, depuis quand est-ce qu'on vient régler des problèmes à dix heures du soir ? Tu sais que ce que tu fais n'est pas bien, Mukaandjaou, lui répondis-je sèchement.

Elle repartit sans mot dire. Je les entendis parler tous les deux sans comprendre ce qu'ils se disaient et ils disparurent dans la nuit.

Le procédé me mit dans une colère noire. Je fus surtout affectée par le comportement de Mukaandjaou. Je pensais avoir une grande confiance en elle. Notre relation était assez exclusive, du moins de mon point de vue. J'étais furieuse qu'elle se soit rangée du côté de Uauhareka contre moi. Je voyais les choses ainsi, mais bien évidemment pour elle, il n'aurait pas pu en être autrement, elle était membre de la communauté et, en tant que membre puissant, Uauhareka exerçait de la pression sur elle. À partir de ce moment, notre relation changea ; je mis de la distance entre nous.

Elle faisait comme avant, venait me voir sous ma tente, mais je m'arrangeais pour ne plus me retrouver seule avec elle. De son point de vue, j'avais l'impression qu'il ne s'était rien passé. Et, en réalité, c'était comme cela qu'elle devait vraiment appréhender les choses. De plus, elle n'avait pas eu d'autre choix que de venir me demander ce que Uauhareka voulait. Elle ne pouvait pas faire autrement que de se ranger du côté de la communauté et pas du mien. À cette époque, le seul dont je restais proche était le chef, mon père. L'autre conséquence de cet épisode fut que je me désengageai de la gestion du camping, ne voulant plus entrer dans ces histoires d'argent. Mais très vite, sur l'insistance de mes hôtes, je dus en reprendre la gestion.

C'est bien plus tard que Kakaendona, profitant du vide affectif créé par la prise de distance avec Mukaandjaou, entra dans ma vie et se révéla une complice attachante et subtile, une médiatrice intelligente qui deviendrait une véritable alliée. Fille cadette du chef, elle était mariée avec Ngavekupe, le petit-fils du précédent chef, Vetamuna, dont l'action était encore présente dans la mémoire de la communauté d'Etanga. C'était le premier chef qui avait accepté de collaborer avec les Blancs, contrairement à son prédécesseur, Veripaka, dont on dit qu'il pouvait laisser des administrateurs blancs attendre aux portes de sa maison pendant plusieurs jours, sans même leur envoyé un bol de lait. La mère de Ngavekupe, Katjaambia, revendiquait le pouvoir en tant que fille aînée de Vetamuna. Elle était mariée avec Munyange, qui n'avait pas de lien de parenté avec les Tjambiru. En général, c'est le neveu du chef qui le remplace après sa mort. Elle n'avait donc pas de légitimité ; même si mon père se révélait par moments incapable d'exercer son pouvoir, les conseillers nommeraient un autre homme dans la lignée paternelle.

Veripaka, père du chef actuel, avait été chef d'Etanga avant l'indépendance, quand le Kaokoland était encore très fermé aux étrangers. Il avait été le dernier à manifester une hostilité à leur égard. Son neveu, Vetamuna, avait rompu avec ces pratiques et avait été le premier à coopérer avec les administrateurs du gouvernement sud-africain[3]. Ainsi, il autorisa la construction de la clinique, de l'école et de la première échoppe d'Etanga. Il eut aussi une grande influence sur son petit-fils Ngavekupe, cadet né hors mariage de Katjaambia, et mari de Kakaendona. Eux deux furent mariés très jeunes, il s'agissait d'un mariage arrangé par leurs pères, qui était cousins. Ngavekupe et Kakaendona étant seconds cousins, quoi qu'il arrive, le bétail resterait dans la famille, car on hérite du frère aîné de sa mère. Leur mariage était comme une sorte de prolongement de leur enfance. Ils avaient grandi ensemble et puis on leur avait dit qu'ils seraient mari et femme. Kakaendona me dit un jour :

– Tu sais, en fait, nous sommes de très bons amis.

Ils vivaient ensemble et faisaient des enfants ensemble. Kakaendona a déjà mis au monde cinq enfants. Kakaendona se mouvait dans la complexité familiale tel un serpent parmi les hautes herbes. Proche de sa mère, Omukurukaze, elle usait

3. À l'issue de la Première Guerre mondiale, le territoire allemand, Deutsch-Sud-Afrika, passa sous mandat sud-africain et devint South-West Africa, avant de devenir la Namibie indépendante en 1990.

d'une autorité naturelle, sans doute héritée de son père, sur tous les membres de la famille et de la communauté.

Quelque temps après l'incident avec la trésorerie du restcamp et l'éloignement d'avec Mukaandjaou qui s'ensuivit, je mis un terme à ma première période à Etanga. Je partis quelques mois, pour des raisons sur lesquelles je reviendrai plus tard. À mon retour, c'est Kakaendona qui m'accueillit. Elle me prit sous son aile pendant quelques jours, confiant ses enfants à son mari. Elle m'accompagnait partout, m'ouvrait des portes. Notre relation est restée très forte encore aujourd'hui. Lorsque nous sommes ensemble, nous n'avons pas besoin de nous parler pour nous comprendre. Sa compréhension des autres, son empathie lui permirent d'anticiper des situations et de s'imposer comme un personnage central de la communauté. Je pouvais aussi m'appuyer sur elle pour mon travail et pour organiser des événements. C'est ainsi qu'elle mit sur pied le voyage à Windhoek d'un groupe de jeunes d'Etanga afin de participer à l'exposition[4] sur mon travail à Etanga, qui avait lieu au Centre culturel franco-namibien de la capitale namibienne. Ensemble, Kakaendona, Kapandi et moi-même devions désigner ceux qui viendraient pour représenter leur culture. Pour moi, la démarche consistait à faire participer quelques personnes qui avaient déjà contribué à mes travaux de documentation et en qui j'avais confiance.

Kakaendona m'aida beaucoup dans la préparation de ce projet. Cela n'avait l'air de rien, mais le fait de constituer

4. « Les années Ovahimba : Travaux en cours », Exposition multimédia, Windhoek, Namibie, 2001.

une petite équipe et les faire venir à Windhoek pour un court séjour pendant lequel il y aurait des rencontres, des performances, des échanges, c'était un travail assez compliqué. Sans compter l'organisation de l'exposition elle-même qui me prenait beaucoup de temps. Elle s'occupa de l'organisation à Etanga sans que j'intervienne. Souvent, alors que j'étais à Windhoek, je l'appelais au téléphone. Elle comprenait absolument tout, alors qu'elle n'avait jamais mis les pieds à Windhoek et qu'elle ne savait pas ce qu'était une exposition. Je lui avais juste donné cette explication :

– À la maison de France à Windhoek, on va faire un travail ensemble sur la culture ovahimba avec les images. Vous viendrez pour parler de votre culture et aussi pour faire des démonstrations d'ondjongo et d'autres pratiques.

Je n'avais pas besoin d'en dire plus. Elle avait tout compris. La veille de leur départ d'Etanga, un peu inquiète, je l'appelai une dernière fois pour lui dire d'apporter l'*embuita*, le tambour d'appel des esprits. Elle éclata alors de rire et me demanda si je savais à qui j'avais à faire.

Après l'événement, alors que nous étions de retour à Etanga, je dus affronter les questions des autres, de ceux que je n'avais pas conviés à Windhoek.

– Comment se fait-il que ce soit toi qui aies choisi les gens qui allaient représenter Etanga ? me demandèrent-ils.

Le groupe ne constituait pas une représentation officielle d'Etanga. C'étaient simplement des gens avec lesquels j'avais travaillé depuis des années. Ils avaient formé un petit groupe pour m'accompagner. C'était une invitation privée, leur répondis-je. Un jeune homme se leva alors et me dit :

– Un autre groupe s'est déjà constitué. Nous avons fait faire des passeports. La prochaine fois que tu organises quelque chose, c'est lui qui partira avec toi.

L'un après l'autre, hommes et femmes me montrèrent leurs passeports. Ils étaient presque tous des membres de la maison ou de la famille du premier conseiller du chef, et j'ai aussitôt compris la démarche. Ils avaient eu vent de notre projet d'aller à Paris pour la prochaine exposition et su que j'avais fait faire des passeports pour Kakaendona et son groupe. Je n'avais pas grand-chose en commun avec les membres de cette équipe, à la différence de ceux qui allèrent à Windhoek et avec lesquels j'avais construit pendant plusieurs années une relation de proximité et de travail.

– Le groupe qui est parti à Windhoek a travaillé avec moi pendant des années. S'ils souhaitent continuer avec moi, il est possible que certains d'entre eux participent aux éventuelles futures manifestations. J'ai l'impression que votre attitude relève de la jalousie.

Un jeune homme se leva alors et dit :

– Il faut que tu comprennes que chez nous la jalousie, c'est quelque chose d'important. Ça peut aller jusqu'à la mort.

Il y eut un grand silence. Je fus d'abord un peu troublée par ses mots. Mais je repris mes esprits, en me disant que je n'étais pas concernée par de telles menaces. Je savais qu'il s'agissait d'une manipulation de certains membres de la communauté.

Kakaendona me couvait beaucoup. À tel point que, la plupart du temps, ma relation avec les autres passait par son entremise. Avec elle je parlais de tout, sans tabou. J'étais à l'aise en sa compagnie et je crois que c'est pour ça que nous nous entendions à merveille. Elle avait un sens de l'humour assez incroyable. Elle n'essayait jamais de faire des blagues ou d'être drôle. C'était moi qui la provoquais et je voyais dans ses yeux le sourire qui montrait qu'elle avait compris ma note d'humour. Ce que nous avions de plus en commun, c'était notre spontanéité à entrer dans la fête, dans le délire. Nous savions nous lâcher complètement.

Lorsque je revenais d'un séjour à Windhoek ou à Paris, c'était elle qui m'accueillait. Elle m'attendait devant l'échoppe d'Etanga. À peine la voiture immobilisée, je sautais à terre en dansant et en chantant sur la musique de l'autoradio, toujours la même, du jazz-jive d'Afrique du Sud des années soixante. Le rire dans les yeux, mais marquant toujours une petite hésitation lors des retrouvailles, Kakaendona s'approchait de moi avec un, « *Kandavi moro* », comme si de rien n'était. Puis, nous partions dans d'immenses éclats de rire, du bonheur de se retrouver. Les enfants et les autres femmes se joignaient à nous, sautant de joie autour de moi en répétant « *Kandavi weya, Kandavi weya*, Kandavi tu es venue ». C'était la fête, un moment intense d'émotion intacte renouvelé à chaque retour.

Kakaendona avait bien compris la nature de mon travail. Elle savait que je voulais capter l'air du temps de la vie Ovahimba, documenter la mémoire de sa culture, filmer les rituels, les moments importants de leur vie. Alors elle me prévenait quand un rituel devait avoir lieu. Elle me facilitait l'accès à ces cérémonies et faisait en sorte que je puisse filmer, notamment les jeux de danse qu'on appelle *ondjongo*. Avec Kakaendona, ma vie à Etanga prenait tout son sens. Elle et son père étaient les deux personnes les plus importantes pour moi. Très attachée à moi, j'étais pour elle un vecteur d'enrichissement, de connaissance, d'accès à bien de choses. En retour, elle me permettait de voir et d'entrer dans les interstices de la vie de sa communauté.

Omukurukaze, la mère de Kakaendona, gardait une autorité sur elle, que celle-ci respectait en retour. La femme du chef était la figure centrale de la famille. Fière, affirmant avec les yeux, le visage et le port, son autorité matriarcale. Au début de notre relation, je la sentais un peu hésitante voire, par moments, méfiante à mon égard. Sans doute, ma présence était une intrusion chez elle et dans sa vie familiale. Son mari me protégeait. Il avait des attentions pour moi qui devaient heurter son orgueil de femme. Je ressentais aussi sa forte personnalité et je ne voulais pas m'y soumettre. Avec le temps, en nous retrouvant seules au domaine familial, nous sommes arrivées à nous rapprocher.

Omukurukaze était pudique. Pourtant, à partir d'une certaine période, elle me laissa l'embrasser pour la saluer, ce qui aurait été impensable à débuts au sein de la famille. À chaque fois je sentais d'ailleurs une certaine fierté chez elle lorsque nous nous touchions la joue. Le contact physique était assez ritualisé entre nous mais finalement plus fréquent qu'avec Kakaendona ou Kapandi ses deux filles. Je la respectais, elle me respectait. Et c'était même plus que cela. C'était une forme d'amitié.

Ce contact physique je l'avais aussi avec mon père, le chef, lorsque par exemple il me prenait les mains pour me parler, ou quand il essuyait une mèche de cheveux de mon visage, car il n'aimait pas les cheveux en bataille et me demandait souvent pourquoi je n'attachais pas mes cheveux. Il y eut aussi cette période pendant laquelle il avait une vilaine plaie au pied. Tous les jours, il venait pour que je le soigne. Assise dans la position Ovahimba, pieds à plat et les fesses contre les talons, je refaisais le pansement après avoir ouvert et nettoyé la plaie. Toute la famille nous entourait et regardait la scène. Ce rituel dura longtemps car la blessure était vraiment profonde et infectée. Je réussis à force de soin à la faire guérir. Ce furent des moments pendant lesquels, de toute évidence, il y avait entre mon père et moi une relation physique naturelle, simple.

Quand je retrouvais Kakaendona ou Kapandi après une absence, elles étaient gênées si je les prenais dans mes bras. Elles subissaient mon étreinte tout en me repoussant délicatement. Ce n'était pas dans leurs coutumes de s'embrasser. Pour saluer Kakaendona, je prenais une pierre avec laquelle je faisais semblant de la viser en l'appelant par son surnom, *Je-ne-sais-pas !* Je vais m'occuper de toi ! Elle esquivait et prenait elle aussi une pierre pour simuler la même chose. Ce petit rituel nous permettait de parodier nos retrouvailles.

Lorsque les filles et moi faisions la fête dans ma case avec quelques bouteilles d'alcool ou de vin en racontant nos histoires de cœur, Omukurukaze, ayant un faible pour un petit verre, cherchait toujours à se joindre à nous. Nous nous cachions d'abord d'elle, en la laissant contourner ma case sans répondre à ses appels. Puis, l'une d'entre nous l'appelait pour qu'elle nous rejoigne, tout en cachant les bouteilles. Elle s'asseyait en faisant semblant de ne rien attendre, jusqu'à ce qu'on lui tende un verre avec un fond d'alcool. Une espèce de fraternité régnait entre nous toutes. Un aréopage exclusivement féminin où les hommes, quels qu'ils soient, n'avaient pas leur place.

Quelquefois je les emmenais en voiture à la Montagne Rouge chercher les pierres d'oxyde de fer qu'elles broient en poudre et mélangent avec de la graisse de vache pour s'enduire le corps. Pour trouver ces pierres, il faut aller dans la montagne et creuser dans des rochers. C'est une activité indispensable car les femmes attachent de l'importance à leur parure et s'enduisent tous les jours ou presque de cette onction rouge[5]. Elles ne se lavent jamais le corps avec de l'eau. Elles mélangent l'ocre rouge avec de la poudre de plantes parfumées et de la graisse de vache. Leur cuir chevelu et leurs tresses sont aussi enduits de la même onction mélangée dans une consistance plus épaisse. Elles portent des coiffes sculptées confectionnées de cuir rigide, en forme de cornes recourbées, et attachées sur le sommet de la tête de telle sorte qu'elles

5. Onction rouge ou *Otjize* fait de poudre de pierre oxydée, de la Hematite $Fe_2 O_3$ rouge et de la Goethite Fe OOH jaune marrant qui, mélangées, donnent ces couleurs rouge ocre caractéristiques des femmes ovahimba.

symbolisent des cornes de bœuf, l'animal culte de cette société d'éleveurs. Des colliers, des bracelets en métal, en cuir ou parfois même en plastique, aux poignets et aux chevilles, viennent rehausser l'esthétique de leur corps. Elles portent une sorte de jupe de cuir de veau, masquant les hanches et le haut des cuisses. Certaines jeunes femmes laissent par trop paraître cette partie charnelle au grand dam des anciens qui trouvent cette nouvelle mode indécente.

La parure des femmes Ovahimba est une affaire de tous les jours. En fonction des activités et des personnalités, elle est plus ou moins soignée, certaines femmes étant plus coquettes que d'autres. En réalité ce sont les grandes occasions qui suscitent le plus de préparation de la toilette. Une préparation qui peut durer des heures, voire se dérouler sur plusieurs jours.

La première partie de la parure, pour parfumer le corps, se déroule dans la case. Un panier de forme pyramidale est posé sur le sol, pointe vers le haut. À l'intérieur, un petit pot de bois est rempli de braises sur lesquelles les femmes déposent des morceaux de bois aromatiques. Il se diffuse alors par effluves une senteur boisée et capiteuse. Les vêtements de peau et de tissus sont posés sur le panier afin qu'ils s'imprègnent de l'arôme. L'air de la case est épais et opaque. Les hommes ne sont jamais loin. Ils n'entrent pas dans la case, mais s'enquièrent des préparatifs. Les plus proches passeront la tête par la porte pour y jeter un coup d'œil. Les vêtements traités, les femmes s'assoient à tour de rôle sur la pyramide afin que le parfum imprègne leur corps. Pendant ce temps, certaines d'entre elles commencent à moudre dans une pierre creuse des plantes avec une autre pierre, ronde celle-là, qui leur sert de mortier. Elles écrasent aussi la pierre rouge oxydée qui, mélangée à de la graisse de bœuf, va composer l'onction dont elles se servent pour s'enduire le corps. Selon la couleur de la peau et de l'oxyde de fer, le rendu diffère. Certaines femmes ont la peau sombre. Sur elles, le rouge sera plus intense, couleur bordeaux. Celles qui ont la peau plus claire prendront une teinte tirant sur l'ocre jaune. Ainsi, chaque femme à sa propre couleur qu'un œil exercé peut reconnaître. Lorsque l'enduit est frais, le corps des femmes est luisant, lisse, magnifique. Les vêtements, en apparence légère sur leurs corps, peuvent peser jusqu'à douze kilos à cause des jupes en peau disposées autour de la taille, ainsi que des lourds colliers et des ceintures composées de métal et de cuir. Les enfants aussi participent à la préparation des parures. Ils se mettent du rouge partout à force de toucher à tout et de se mêler aux femmes.

Je participais souvent à ces moments de partage. Comme les enfants, ma peau était régulièrement couverte de traces rouges. C'était un temps de communion, une manière de suspendre le temps dans la bonne humeur. En même temps, les femmes attachaient du sérieux à cette tâche vécue comme un plaisir.

L'entretien et la préparation de la coiffure nécessitent également beaucoup de temps. Les femmes Ovahimba se rasent le haut du front pour le dégager et anoblir le visage. Elles se font des nattes qu'elles allongent artificiellement avec des cheveux récupérés des coiffes de leurs maris ou avec des extensions qu'elles achètent dans le commerce à Opuwo. Tige par tige, chaque natte est entièrement refaite tous les deux ou trois mois. La base de chacune d'elles est aplatie contre le cuir chevelu et enduite de l'*otjize*. Ainsi, les nattes sont comme attachées à une sorte d'écaille rougeâtre un peu en relief, donnant à l'ensemble de la chevelure une allure graphique et stylisée.

Les grandes occasions de fêtes et de rituels sont aussi le moment de danser. J'ai beaucoup filmé ces danses complexes et codées dont le but n'est pas uniquement de composer des formations esthétiques, mais va du jeu à l'initiation, voire aux remèdes contre des mauvais sorts. Ici, les corps sont en dialogue les uns avec les autres et chacun y prend sa part avec plus ou moins d'engagement, de sincérité, de séduction. C'est aussi le moment des transes et des exorcismes. Les femmes sont souvent les meneuses de ces séances, mais les hommes y participent aussi. Dans notre famille, Vuaanderua, la nièce du chef était la meneuse du jeu de danse d'Ondjongo. Elle était une danseuse hors pair. Une femme d'une grande beauté, un peu guérisseuse. Elle était malheureusement mariée avec Kandanda, un des hommes les plus alcooliques d'Etanga, originaire d'Orotjitombo, un village situé à une centaine de kilomètres. Très bel homme, très fier, Kandanda était toujours paré de magnifiques bijoux anciens et le front ceint d'un linge rouge marron. Il ne faisait rien d'autre que boire, ou chercher à boire, de jour comme de nuit, délaissant ainsi femme et enfants. Ces derniers devaient assumer tous les travaux nécessaires à leur subsistance. Kandanda était en outre un homme riche.

Il avait commencé par vendre toutes ses chèvres, bétail couramment utilisé pour le troc. Lorsqu'il n'en eut plus aucune, il s'attaqua aux moutons, animal utilisé pour des petits rites, puis aux bœufs, animal qui constitue le cheptel principal, qui ne fait que transiter par la vie d'un homme et dont une partie possède un caractère sacré. Il était capable de donner un veau contre un carton de bières. Ainsi, il troquait tous les animaux de son troupeau, les uns après les autres, dans le seul dessein d'acheter de l'alcool. C'est chose assez facile au Kaokoland où il y a toujours un marchand sillonnant les routes avec un camion rempli de bouteilles en tout genre.

Si Kandanda était venu habiter Etanga, c'était déjà sur la décision des membres de sa famille, pour l'éloigner le plus possible de son village d'Orotjitombo, situé à proximité d'Opuwo et de la buverie nommée Epupa installée sous un grand acacia sur la plaine, en face du village. Pour sauver la maison, sa famille l'avait obligé à venir s'installer à Etanga avec sa femme Vuaanderua. La vie de sa famille était par conséquent plutôt misérable par sa faute.

Vuaanderua n'arrivait quelquefois même pas à trouver de quoi donner à manger à ses enfants. Elle devait effectuer les travaux dévolus aux hommes comme charrier les seaux d'eau au fond du puits, destinés à abreuver le bétail. Un travail harassant auquel hommes, femmes et enfants participaient dans toutes les familles. Le puits était partagé avec Kamboo, un personnage atypique, venu habiter à Etanga pour retrouver une femme héritée de son frère à la mort de celui-ci, laquelle femme ne voulait pas de lui. Elle vivait chez un cousin du chef. Kamboo s'était installé non loin de là, dans une sorte de bergerie, près de la maison de Vuaanderua. Très affable et causant, il s'était constitué une place de vecteur d'informations au sein de la communauté. Il savait tout ce qui se passait dans le village. Au fil du temps, il s'était imposé comme une sorte de garde champêtre, dénouant des conflits, faisant un peu la police et se mêlant de toutes les affaires, de tous les rituels. Certains s'en agaçaient, la plupart le laissaient faire, se servant de lui ou l'ignorant, selon le cas.

Kamboo possédait évidemment du bétail. Il devait donc s'en occuper et notamment aller chercher de l'eau au même puits que Vuaanderua. Leurs fréquentes rencontres sur ce lieu, le partage de l'eau les rapprochèrent vite et une passion naquit entre eux. Kamboo venait très souvent voir Vuaanderua chez elle. Il l'aidait aux travaux de son potager et à d'autres tâches. Ils passaient du temps ensemble et se cachaient de moins en moins du regard des autres. Ils étaient dans leur bulle, oubliant le monde extérieur. Une idylle sans complexe, situation rare chez les Ovahimba où les relations hors mariage sont possibles, mais à condition d'être traitées avec une grande discrétion.

Au village, tout le monde fut vite au courant de la relation de Kamboo et de Vuaanderua. En mari fier, Kandanda prit immédiatement des sanctions en confisquant quelques chèvres de Kamboo. Ce dernier protesta, mais personne ne le soutenait. Au contraire, les autres hommes le voyaient comme un danger, comme quelqu'un qui pouvait leur prendre leur femme. Au bout d'un certain temps, Kandanda ayant progressivement confisqué chèvres, mouton, veaux, puis en dernière instance, les bœufs, Kamboo se retrouva presque sans aucun bétail. Un procès en droit coutumier s'ouvrit. Il réclamait ses bœufs et ses moutons, considérant qu'on les lui avait volés. Pour les autres, au contraire, c'était lui le voleur : il avait pris la femme d'un des leurs. N'ayant plus d'animaux, il venait se restaurer chez Vuaanḓerua qui se trouvait avec une bouche supplémentaire à nourrir. Désenchantée, elle décida au bout d'un certain temps, de rompre avec son amant. Kamboo avait tout perdu ! Son amour, son bétail, son statut social.

Un jour, la femme du chef, Omukuraze, vint me demander ce que je pensais de cette histoire d'adultère. Je lui répondis que si c'était l'amour qui était en jeu, il fallait les laisser tranquille car aimer c'était chose rare dans la vie. Ma position reçut un accueil des plus froids.

– Comment peux-tu dire une chose pareille ? objecta Omukurukaze. Je ne suis pas de ton avis. Vuaanḓerua est mariée.

– Et alors ! Son mari boit, non ? Qui voudra coucher avec un homme qui sent en permanence l'alcool ?

– Mais elle n'a pas besoin de coucher avec lui. Si elle veut le quitter, elle doit retourner chez son père qui règlera la question.

Le procès eut donc lieu. Les audiences étaient multiples. Kamboo était au banc de la communauté. J'étais la seule à lui parler encore et à rester proche de lui. Selon les anciennes applications du droit coutumier, il était possible d'exécuter un voleur, et notamment celui qui vole la femme d'un autre. Les hommes du village soutenaient Kandanda. Ils n'acceptaient pas que quelqu'un arrive d'ailleurs et prenne la femme d'un autre. Normalement, c'était la loi namibienne qui aurait dû s'appliquer. Mais l'assemblée des anciens en avait décidé autrement. Les audiences du procès étaient tendues. Je les filmais. Il ne s'agissait pas d'appliquer le droit mais bien de discuter à n'en plus finir de la manière de faire respecter les coutumes, dont l'honneur d'un homme.

Vers la fin des audiences, un des anciens me dit qu'il était difficile pour un homme qui a été trompé par sa femme d'être assis à côté de celui qui la lui a volé. S'adressant à Kandanda, ils utilisèrent une expression à l'encontre de Vuaanḓerua que je notai soigneusement : « Elle te fait tomber ton nid de l'arbre. » Assis en cercle pour le procès, dans un murmure, certains disaient que le cœur de Kandanda brûlait toujours pour sa femme. Ils étaient sûrs qu'il l'aimait encore. Le témoignage du père de Vuaanḓerua fut déterminant. Lui seul, selon la coutume, pouvait arbitrer cette histoire. Il convoqua Kamboo, car il ne le connaissait pas. Ce dernier se rendit dans le village voisin. Pendant son absence, un cousin de Kandanda en profita pour emporter la totalité de son bétail dans la montagne. Complètement défait à son retour, terriblement seul contre tous, il ne se résigna pourtant pas et voulut poursuivre le procès, bien décidé à faire valoir son droit et à récupérer ses bœufs.

Un jour, il me dit qu'il pouvait accepter qu'on lui prenne ses bœufs, mais qu'en échange, il demandait à pouvoir vivre avec Vuaanḓerua. Cela était impossible sans la bénédiction du père de cette dernière. Ce dernier était loin de la donner. Une nouvelle audience, la dernière, rassembla tous les protagonistes. Je ne pus y assister. Kandanda traita son rival de femme. Les arguments de Kamboo consistaient à se référer à la loi namibienne selon laquelle son bétail lui avait bel et bien été volé. Il acceptait de le laisser en échange de sa liberté d'avoir la femme qu'il aimait. Mais la coutume, l'honneur, les questions d'héritage l'emportèrent. Le verdict, sans appel possible, tomba tel un couperet : Kamboo ne pourrait plus voir Vuaanderua. Il n'avait plus le droit de s'en approcher. Quant à Vuaanderua, elle devait, soit rentrer chez son père, soit vivre à nouveau avec son mari. De plus, elle fut obligée de retourner vivre à Orotjitombo, un village éloigné d'Etanga, avec son mari chez sa belle-famille pendant six mois. Là, mise à l'écart comme une femme scandaleuse, elle dépérit et maigrit beaucoup. Kandanda retournait à Opuwo et continuait à boire. Au bout de six mois, elle fut autorisée à revenir à Etanga où la bergerie où elle vivait auparavant était tombée en désuétude. Je lui ai proposé de vivre dans la petite case, à une cinquantaine de mètres du campement, habituellement occupée par notre berger et alors inhabitée.

Le retour de Vuaanderua ne fut pas simple. Kamboo n'accepta pas la sentence. Il avait tout perdu : la femme qu'il aimait ainsi que ses bœufs. Il contacta la police. Il voulait récupérer son bétail. Il me demanda d'écrire une lettre dans laquelle il expliquait que ses chèvres et ses bœufs lui avaient été enlevés parce qu'il avait couché avec la femme d'un autre. Il racontait que ses animaux avaient été pris par la force. Il se disait prêt à payer une amende pour qu'ils lui soient rendus. Il affirmait qu'il n'avait pas volé la femme. Qu'il avait juste couché avec elle. Il demandait que la loi s'applique, qu'un autre procès ait lieu. Il voulait aussi que le gouvernement le défende dans cette affaire. Il disait qu'il acceptait d'être coupable comme il l'avait plaidé dans un premier temps : il avait été condamné à payer quatre bœufs. Il réclamait justice.

Il répétait plusieurs fois que la manière dont on lui avait pris son bétail était illégale. Il réaffirmait qu'il n'avait pas volé Vuaanderua. Il s'en remettait à la sagesse du chef en premier lieu. Pour respecter la procédure, il me désignait comme témoin. Il terminait sa lettre par ce proverbe : « Celui qui est faible doit être proche de ses sauveurs », ce qui signifiait qu'il attendait tout de l'État, lui le petit, le faible. Je n'ai jamais connu totalement l'issue de cette affaire car les dernières audiences du procès se déroulèrent sans moi et personne ne me raconta ce qui avait été finalement décidé.

Plus tard, lorsque je quittai Etanga, je léguai ma petite maison à Vuaanderua, ce qui provoqua une grande réprobation de la part de mon père. Elle ne vint pas s'installer dans ma case car elle se trouvait sur un lieu sacré, à l'intérieur du domaine du chef. Néanmoins, elle prit tous les poteaux et s'en alla la reconstruire sur le lieu de son ancienne bergerie. Quant à Kamboo, il vivait désormais complètement à l'écart, comme un marginal, sans aucune reconnaissance, sans statut. Personne ne lui parlait plus. L'histoire de Kamboo et Vuaanderua se déroula sur deux années entières. J'en saisis l'essentiel, mais bien des aspects m'échappèrent. Aujourd'hui encore de nombreuses énigmes entourent cet épisode.

# II

*J'ai rendez-vous avec Chris Eyre, un Anglais originaire d'une vieille famille sud-africaine et conservateur de la nature. Pour le rencontrer, je dois effectuer un détour par le parc d'Etosha, situé dans le bassin d'un ancien lac salé au nord de la Namibie. Il vit à l'entrée de cette immense réserve de nature, peuplée de tous les animaux emblématiques de l'Afrique, éléphants, girafes, zèbres, lions, pour n'en citer que quelques-uns.*

*Après la ville d'Outjo, je bifurque vers l'est au lieu d'aller vers l'ouest. Je traverse le triangle du maïs et j'entre dans le parc à Namutoni par le côté est. Chris est arrivé dans cet endroit, contraint par l'administration qui l'a obligé à quitter le Kaokoland car ses idées progressistes étaient mal vues et potentiellement subversives auprès des Ovahimba. Il fut ensuite envoyé au pays des Ovambos, un châtiment pour cet amoureux du Kaokoland. On m'a décrit Chris Eyre comme un personnage rare et respecté pour son travail de plus de trente années parmi les Ovahimba. J'ai hâte de le rencontrer et de l'entendre parler de ses années vécues avec eux. En arrivant devant la maison, je le vois s'approcher pour m'accueillir. C'est un homme d'un certain âge, grand et sec, avec un port élégant et de grandes oreilles. Les Ovahimba l'ont d'ailleurs surnommé « oMatwii », ce qui signifie* oreilles *dans leur langue. Comme la plupart des gens qui vivent en brousse, il porte de grandes chaussettes montant jusqu'aux genoux, des chaussures en peau de kudu, un short kaki, un chapeau de feutre et un lourd manteau militaire.*

*Nous nous asseyons et il commence à me parler des Ovahimba. Il me parle des villages, des familles, des chefs, des femmes. Il connaît bien le chef d'Etanga. C'est grâce à Chris que je suis entrée en relation avec lui. Il me recommande d'ailleurs plusieurs chefs, ainsi que d'autres personnes qui pourraient m'aider dans mes démarches.*

*– Tu peux te recommander de moi auprès de lui, me dit-il. Tu peux aussi aller voir Katjaambia à Wakapawe. C'est elle qui organise souvent des tournages pour des équipes de télévision.*

*Il m'emmène dîner dans un restaurant qui fait partie de la réserve. Il est assez froid et direct. Il me demande ce que je veux boire. Je réponds qu'un peu de vin serait agréable. Il commande une petite bouteille de vin et un Coca, et sort de la poche intérieure de sa veste un petit flacon plat en argent de Brandy. Ce sera sa boisson à lui. Puis il se remet à parler. Il me raconte notamment les problèmes politiques avec les Ovahimba, leur alliance avec les Sud-Africains lors de la guerre d'indépendance, leur opposition traditionnelle au gouvernement. Je ne comprends pas grand-chose de ce qu'il me dit, mais plus tard, au fur et à mesure que je commencerai à connaître le terrain, ces paroles me seront bien utiles.*

*Lorsque nous retournons chez lui, Chris se verse un autre verre de Brandy et de coca et continue son récit sur ses années passées avec les Ovahimba. Je suis fatiguée de la route, du vin, du dîner et de l'écoute de tant de choses nouvelles, saturée de paroles et, à mon grand regret, je m'assoupis un peu pendant qu'il parle. Il éclate de rire en me rappelant que personne ne me racontera plus jamais ce qu'il a à me dire, mais il n'y a rien à faire, je suis épuisée. Finalement, je lui demande s'il peut me prêter une couverture pour que je puisse dormir quelque part. Il regarde vers mon 4x4 et le rouleau de couvertures attaché sur le toit, mais je lui dis aussitôt que je n'ai pas le courage de défaire mes bagages. Il rit, attrape une vieille couverture visiblement utilisée par des Ovahimba car toute rouge et couverte d'herbes sauvages et la jette sur le sol en ciment rouge ciré tout en riant.*

*– Tu verras, ça sera comme ça, tu dormiras toujours comme ça. Je ne te donne pas deux mois chez les Ovahimba, dit-il en partant de nouveau dans un éclat de rire.*

*Ne sachant que dire, un peu désemparée, je m'installe à même le sol sous la petite couverture. Je n'arrive pas à fermer l'œil de la nuit à cause du froid et de l'inconfort. Le lendemain matin, au réveil, il me donne en guise de petit déjeuner une tasse de café instantané imbuvable accompagnée d'un morceau de pain rassis et d'une pâtée qui ressemble vaguement à de la confiture. Il téléphone ensuite au poste de garde, à l'extrémité ouest du parc d'Etosha, pour obtenir une autorisation pour moi de traverser le parc dans sa longueur ; la partie ouest est réservée au personnel, car c'est une zone où la faune se réfugie pour procréer. Cela me permettra de sortir à Otjivasandu, une sortie qui donne directement sur la route d'Opuwo à l'ouest d'Etosha. La recommandation de Chris est claire : il faut rouler lentement. Vingt kilomètres à l'heure pas plus, à cause des animaux très nombreux. Pour parcourir les cent kilomètres qui séparent sa maison du poste de garde, il me faut donc au moins quatre heures. Il me dit au revoir :*

*– C'est tout droit, c'est indiqué par des panneaux. S'il y a un problème au poste de garde, dis-leur de m'appeler.*

*Flanqué de son petit jack russel, qui aboie sans cesse, il me dit en criant presque et en m'indiquant de la main une direction :*

*– C'est par là, tout droit. Vas-y. Tiens-moi au courant…*

*Je prends la route sous le regard ironique de cet homme rustre dont je lis dans les yeux qu'il ne me prend pas vraiment au sérieux. La première partie de la route se passe bien. Je rencontre peu d'animaux. Alors que j'atteins la partie réservée au personnel, les choses deviennent plus difficiles. Il y a plusieurs panneaux indiquant différentes directions, mais aucun panneau n'indique la direction d'Otjivasandu, la sortie par laquelle je dois quitter la réserve pour me retrouver sur la route d'Opuwo. Pour cause, c'est pour que les touristes n'y aillent pas. Je prends une petite route qui me semble aller en direction de l'ouest, mais au bout de quelques kilomètres, elle vire vers le sud. Je rebrousse chemin pour demander ma route aux gardiens, qui me l'indiquent, tout en me regardant comme si je ne devais pas être là. Je repars, rien que pour revenir au bout de quelque temps, une fois, deux fois, trois fois. Je finis par trouver la bonne route et, bientôt, je me retrouve dans une partie de la réserve totalement isolée, et qui grouille d'aninaux.*

*D'abord, je roule lentement au travers d'une forêt pétrifiée, puis de troupeaux d'antilopes. Ensuite, je me retrouve au milieu d'un troupeau d'éléphants. Des mâles immenses avec leurs défenses font bloc autour du pick-up, qui, soudain, semble être tout petit. Les femelles avec leurs petits se tiennent un peu à l'écart, mais continuent leur lente marche tranquille, en soulevant un nuage de poussière, ce qui donne un aspect irréel à la scène. Je me sens toute petite à côté de ces mastodontes qui frôlent mon 4x4 bien frêle. J'ai peur et je mesure en même temps la chance que j'ai d'être là, seule, au milieu de ces formidables animaux qui me surveillent avec nonchalance. Je roule très lentement, pour ne pas les frôler, mais je reste en mouvement pour qu'ils ne m'empêchent pas de continuer sur mon chemin. Une fois sortie du troupeau, soulagée, je pousse un peu sur l'accélérateur, gardant à jamais en mémoire l'intensité de cette scène, perdue au sein d'un troupeau d'éléphants flottants sur un immense nuage de poussière au milieu de nulle part.*

*Une fois sortie du parc, je n'ai pratiquement qu'à traverser la route pour rejoindre le lodge Hobatere, géré par des amis de Chris Eyre, Louise et Steve Brain. Ils m'invitent à y passer la nuit. Autour d'un feu de nuit, je leur raconte ma traversée d'Etosha. Ils me regardent un brin détachés, comme le font souvent les gens du coin quand des néophytes relatent, les yeux grands ouverts, des expériences qui pour eux sont monnaie courante.*

Il faisait chaud. C'était le jour de mon installation à Etanga. Nous construisions mon campement avec trois jeunes hommes du village, Ngavekupe, le mari de Kakaendona, Tjokotjo et Pokanjo, le fils cadet du chef, ainsi que les amis qui m'avaient accompagnée depuis Windhoek. Les jeunes hommes Ovahimba avaient retracé le cercle de l'enclos, nettoyé le terrain que j'allais occuper en enlevant les pierres et m'aidaient à monter les tentes. Il fallait soulever une lourde structure métallique et nous peinions dans cette tâche harassante. Aucun d'entre nous n'était assez grand ni fort. À ce moment, je vis arriver, comme une chimère venant de nulle part, depuis le flanc nord de la colline qui surplombait la maison, à contre-jour dans le soleil, un grand homme juché sur de longues jambes fines. Une silhouette, dans un halo de lumière. Il se dirigea droit sur nous. Sans prononcer une seule parole, il prit la structure tout seul par le milieu et la souleva. Nous pûmes d'un seul coup mettre tous les poteaux et faire tenir l'ensemble de l'armature de la tente. C'est alors que, les bras tendus en l'air, il lança :

– *Tjomihano, my name is Tjomihano.*

Par bribes, il nous fit comprendre qu'il était dans l'armée et, sans rien demander, il décida qu'il allait travailler là avec moi. J'étais impressionnée par cet homme qui arrivait de nulle part et décidait de participer à nos travaux. Comme il était sympathique et drôle, toute l'équipe l'adopta d'emblée. Tjomihano venait d'Omiroora, un lieu-dit de pâturages d'hiver où vivent certaines familles et des jeunes avec leurs troupeaux. Je compris plus tard qu'il avait un lien de parenté avec Omukurukaze, la femme du chef, et qu'il était donc considéré comme un parent de la famille du chef. En réalité Tjomihana venait pour voir des filles. Mais cela ne pouvait se faire qu'après le coucher du soleil. Le jour, il pouvait entrer dans le périmètre de la maison, mais pas pour voir ouvertement une fille. Cela l'arrangeait de s'occuper avec nous pour ne pas avoir l'air de traîner à proximité des cases. À la fin de la journée, il s'assit près des pierres qui entouraient le campement. Il m'interpella en me disant qu'il cherchait du travail. Je finis par lui donner mon accord. J'avais déjà un assistant et je n'avais besoin de personne d'autre, mais je me dis qu'il était du coin, qu'il connaissait bien le pays et la famille Tjambiru à laquelle il était apparenté et que cela pouvait être intéressant. Il devint donc mon second assistant dans les premiers temps de ma présence à Etanga. Plus tard, j'en recruterais d'autres.

Tjomi, c'était comme cela qu'on l'appelait, s'imposa rapidement comme un aide précieux. Il devint un grand complice, un copain. J'étais beaucoup plus proche de lui que de l'autre assistant, Ben-Moore, qui venait de la ville et qui peinait à s'adapter à cette vie de campement, sans confort. Tjomi m'accompagnait partout. Il était rigolo et devint rapidement l'âme du campement. Il m'introduisait auprès des anciens qui connaissaient l'histoire Ovahimba. Je réalisai ainsi mes premiers enregistrements grâce à son entremise. C'était un personnage bavard et exubérant. Il prétendait avoir été militaire. Il racontait des batailles en les mimant. Je riais de le voir ainsi se mettre en scène et faisais même quelques pas de marche militaire avec lui, comme je l'avais appris enfant en Afrique du Sud. Il apportait de la bonne humeur et de la vie au campement. Quand des visiteurs venaient, il se liait aussitôt d'amitié avec la plupart d'entre eux. Ma sœur était venue avec son mari et sa fille qui devait avoir neuf ans. Il jouait avec elle, la portait sur son dos, faisait des blagues. Il était attachant avec tout le monde.

À une période, je partis plusieurs jours pour tourner un film sur l'alcoolisme qui sévit chez les Ovahimba. Tjomi était resté seul au campement pour garder les installations.

À mon retour, je lui offris une petite valise qu'il m'avait demandée depuis longtemps. J'y avais mis un autre cadeau, un pantalon que j'avais fait faire pour lui à Opuwo. Une sorte de pantalon style kung-fu, large, un peu bouffant et, à l'époque, tendance dans le monde anglo-saxon. Très content de sa valise, il l'ouvrit et afficha un grand sourire quand il vit le bout de tissu à l'intérieur. Il le souleva, mais quand il vit le vêtement, le sourire s'effaça de son visage.

– Merci, mais non merci. C'est pour les filles. Je ne porterai jamais ça. C'est un truc pour envelopper les morts ! Je ne pourrai jamais mettre ça, cria-t-il sur un ton énervé.

Il prit la valise et alla se réfugier sous sa tente. Je m'étais trompée. Tjomi aspirait peut-être aux choses de la ville, mais il y avait des limites. Même si nous étions très proches, affairés à nos tâches quotidiennes, parfois partagées, je n'arrivais pas à percer le mystère de cet homme qui attirait spontanément ma sympathie et ma curiosité par sa bonne humeur, son exubérance. Il s'était imposé à notre équipe et je l'avais accepté sans regret.

Mais Tjomi avait un problème avec l'alcool, un défaut partagé par un certain nombre d'Ovahimba, surtout ceux qui ont été dans l'armée ou qui ont passé du temps en ville. Une addiction qui pousse souvent celui qui en dépend à transgresser les règles afin d'obtenir sa bouteille ou sa canette. Un soir, Tjomi vint me voir avec un magnifique porte-bébé en cuir orné de coquillages, que les Ovahimba appellent *ondikwa*. Il était ancien, bien préservé et présentait beaucoup de détails. Il voulait que l'achète et il était visiblement pressé, sans que je n'aie su à ce moment précis pourquoi. Devant l'objet qui était pour moi une pièce de valeur, je décidai de lui acheter. Contente de mon acquisition, je l'accrochai à l'extérieur, sous la véranda de ma tente. Omukurukaze, la femme du chef, passa me voir pour me saluer comme elle faisait presque chaque soir. Au seuil de ma tente, elle fixait *l'ondikwa* tout en échangeant quelques paroles anodines.

– Où as-tu eu ça ? me demanda-t-elle.

Elle ne cessa de regarder l'objet puis repartit sans rien dire.

Peu de temps après, une autre vieille femme se présenta au campement. Je ne la connaissais pas. Elle était très belle, les yeux, de couleur ocre, maquillés de kohl noir. Elle me lorgnait du regard en désignant l'*ondikwa* pendu contre les parois de ma tente.

– Ce que tu as là est à moi et il a été volé, me lança-t-elle.

Furieuse d'avoir été trompée, je rendis l'*ondikwa* à Tjomihano tout en le sommant de le rendre à sa propriétaire et de me rembourser mon argent.

Le lendemain, le chef me convoqua. Calmement, en présence de Tjomi, des anciens me posèrent des questions concernant l'*ondikwa*. C'était comme une confrontation policière. Ils orientaient les questions de telle sorte que ce soit moi la coupable. Mes deux autres assistants étaient là. Je leur avais demandé de noter les échanges. Après plusieurs heures d'interrogatoire, le premier conseiller du chef, Tjituere, prit une décision. Je n'étais coupable de rien. Il condamna Tjomi à me donner deux chèvres. De plus, il prononça une sentence lourde à l'encontre de sa personne. Si quelqu'un venait à mourir dans la maison où il avait volé l'*ondikwa*, il en serait tenu pour l'unique responsable. L'air abattu, Tjomi encaissa le verdict, lourd de sous-entendus, qui prédisait peu de bonnes choses pour son avenir dans la communauté.

Cet incident m'affecta beaucoup, mais je décidai néanmoins de conserver Tjomi à mon service. C'était un personnage adorable, qui avait un comportement un peu décalé et enfantin, emmené par un puissant imaginaire. Un jour qu'il était parti chercher de l'eau, il ne revint qu'au bout de cinq heures. Je lui demandai où il avait passé tout ce temps. Il me fit signe de le suivre. Il alla chercher quelque chose derrière un buisson dans le potager et revint vers moi en cachant l'objet derrière son dos. Il dévoila un fusil qu'il avait sculpté dans un morceau de bois. J'en profitai pour le photographier en train de simuler un combat avec son arme de bois. Il m'avait montré sa carte d'identité militaire et me racontait souvent ses expériences de guerre. Il m'apprenait des mots de combat, comme *contact* pour désigner des batailles en confrontation directe avec l'ennemi. J'étais passionnée par ce qu'il me racontait car cela faisait partie de l'histoire des Ovahimba tout comme la région d'Afrique australe dont je suis originaire.

Tjomi buvait. Il avait promis d'arrêter, mais, depuis quelques jours, il était de plus en plus étrange. Je me demandais où il pouvait trouver de l'alcool, car je voyais bien qu'il n'était pas clair. Un soir, alors que j'avais laissé mes assistants dîner avec deux journalistes allemands de passage dans la tente cuisine, ces derniers virent passer Tjomi portant une couverture qui semblait dissimuler quelque chose. Le lendemain vers midi, on vint me dire qu'on avait trouvé Tjomi derrière la maison, allongé et ivre au milieu de bouteilles de Zorba, un alcool anisé que je conservais chez moi dans un carton. J'ordonnai qu'on aille me le chercher. Il tenait à peine debout. J'étais furieuse. Il ne pouvait pas me regarder en face. D'autres personnes me rapportaient des bouteilles pleines que Tjomi leur avait confiées pour plus tard. C'est alors que je portai plainte contre lui auprès du chef qui organisa un grand procès, qui se déroula chez moi dès le lendemain. La vie du village s'arrêta quasiment pendant la durée de ce procès. Celui ou celle qui porte plainte doit subvenir aux besoins de ceux qui participent aux débats. Ils abandonnent leurs travaux pour ne se consacrer qu'à cela. Je devais donc abattre des chèvres pour nourrir tout le monde pendant le procès. Tjomi était terriblement honteux. Il n'osait plus me regarder. Lors de l'audience, il nia avoir volé les bouteilles de Zorba et de vin. Alors que c'était une évidence. Au bout d'un certain temps, il avoua, mais pas devant moi. Il ne voulait pas le dire en ma présence.

Le lendemain, les procédures se poursuivirent sous l'arbre sacré du domaine du chef. Après une longue discussion entre anciens, le conseiller du chef prononça la punition : huit coups de fouet ainsi qu'une grande et une petite chèvre. J'acceptai les chèvres, mais je m'opposai à la punition corporelle. Je ne pouvais pas accepter, qu'en mon nom, on frappe quelqu'un.

– Si vous faites ça, je retire ma plainte, dis-je.
– Comment peux-tu t'opposer à une décision prise par nous ? me répondirent-ils.

Ils étaient choqués. Je restai campée sur ma position. Une autre discussion s'ensuivit à mi-voix entre conseillers et anciens. Finalement j'obtins gain de cause. Tjomi fut condamné à donner un bœuf en plus des chèvres. La bête serait pour moi, mais j'avais l'obligation de la faire manger par tout le monde lorsqu'elle serait abattue. Tjomi n'avait pas de bétail. C'était d'ailleurs la raison pour laquelle il ne pouvait pas se marier. La sentence était donc de fait symbolique, mais cela me suffisait.

À l'issue de cet incident, je donnai congé à Tjomi avec deux mois de salaire, mais il refusa avec énergie. Il me promit que désormais il se tiendrait tranquille, que tout était fini. C'était trop tard pour moi. Je lui dis que ma décision était irrévocable et lui demandai de prendre ses effets et de quitter les lieux. Les jours suivants, son comportement changea. La nuit, il revenait en catimini au campement et ouvrait les robinets des réserves d'eau. Il laissait les chèvres et les moutons s'échapper. Le matin, mes assistants devaient courir derrière les bêtes pour les ramener. Je ne savais même plus s'il en manquait ou pas car je ne tenais qu'une vague comptabilité de mes animaux. Tjomi était devenu taciturne, lui qui était toujours de bonne humeur auparavant. Ce fut à ce moment que je dus rentrer à Paris pour trois semaines afin de régler quelques affaires. Pendant mon absence, j'avais recruté un nouvel assistant pour s'occuper et garder le campement. Je savais qu'en mon absence, les Ovahimba avaient tendance à mettre la pression sur mes assistants pour obtenir de la nourriture ou de l'eau et qu'à mon retour, je ne retrouverais pas grand-chose. Eux-mêmes se retrouveraient vite sans rien à manger.

Je quittai Etanga un jeudi et arrivai à Paris le samedi. Le lundi suivant, un ami de Windhoek m'envoya une dépêche découpée dans un journal. Son titre : *Tjomihano est mort frappé par la foudre*. J'appelai aussitôt l'école d'Etanga, le seul endroit du village où il y avait un téléphone. Le maître d'école me répondit :

– On a une mauvaise nouvelle à t'apprendre. Tjomi est mort. Il était assis à côté de la case du chef avec Kakaendona, Mukaandjaou, Kapandi et d'autres. Il n'y avait pas de mauvais temps. La foudre a frappé. Deux des filles furent légèrement choquées. L'une d'elles a même été emmenée à l'hôpital. Quant à Tjomi, il ne s'est pas relevé.

Comme je n'étais pas présente en Namibie, je ne pus assister aux obsèques de Tjomi. À mon retour, on me raconta que Tjomi avait été victime d'un sort. Le chef et sa famille avaient aussitôt quitté le domaine et s'étaient installés dans une case et un enclos de fortune un peu en contrebas de mon campement, en attendant que le sort de Tjomi fût éclairci. À mon retour, la vie reprit son cours et Tjomi devint *omatje wandje* ou « notre enfant », les défunts n'étant pas désignés par leur nom.

Au cours de mes sept années passées à Etanga, j'ai pu observer et filmer plusieurs enterrements. Ce sont des cérémonies complexes qui peuvent durer plusieurs semaines, voire des années, rassemblant des parents proches et lointains venus de près et de loin. Les funérailles sont aussi des moments pour régler toutes sortes de problèmes entre parents, pendant que le rituel suit son cours. Le corps du défunt est sorti de la case, enveloppé dans des couvertures, puis posé sur une sorte de civière faite de branches d'arbre. Des hommes le portent sur leurs épaules et se déplacent au gré des volontés de l'esprit du mort. Car c'est ce dernier qui doit indiquer l'emplacement de son enterrement. Cet errement vers la sépulture définitive peut durer plus ou moins longtemps selon la personne et les questions qui entourent son dernier point de repos. Pour le premier enterrement auquel j'avais assisté, il y avait un emplacement réservé dans un cimetière près de la maison de son enfance, mais ce n'était pas là que le défunt voulait qu'on l'enterre. Il était très important de trouver le bon endroit car si jamais le mort avait jeté des sorts, il ne fallait pas non plus qu'il repose près de la maison. Ce jour-là, les femmes ululaient, les hommes déambulaient dans toutes les directions en portant le corps avant de sortir du cercle de la maison et de partir en courant vers un hameau situé à huit kilomètres de là. Ils se relayaient pour porter le mort. Je les suivais comme je pouvais avec ma voiture. Les porteurs étaient luisants de transpiration. À un moment, l'un d'eux se retourna vers moi et me demanda de garder mes distances.

– Éloigne-toi. Notre père n'aime pas la voiture, il a peur d'être placé dans la voiture et d'être amené de force au cimetière. Tu le gênes avec ta voiture. Plus tu t'approches de nous, plus il nous fait courir plus vite.

Je ralentis et laissai le cortège me distancer. Nous arrivâmes à un endroit où une tombe était déjà creusée. Le défunt ne s'arrêtait pas. Les uns après les autres, il obligeait les jeunes hommes à s'approcher des femmes de sa famille en larmes pour les saluer une dernière fois. Tout à coup, un ancien ordonna de tout arrêter. Les jeunes hommes continuèrent plus lentement à effectuer deux ou trois tours supplémentaires autour des tombes. Ils déposèrent le corps dans la tombe désignée et placèrent les cornes de ses bœufs préférés près de la tête.

Un autre enterrement auquel j'ai assisté dans le même domaine familial se déroula de manière plus calme car le corps fut enseveli dans la maison du défunt dans une cérémonie mélangeant les rites ovahimba et ovaherero. Ces derniers, pour la plupart en partie scolarisés et convertis au christianisme, étaient venus en voiture de très loin pour l'occasion. Ils dispensaient conseils et directives pour que la cérémonie comprenne des traditions ovahimba et ovaherero.

Ce genre de cérémonie était aussi l'occasion de faire des rencontres. Les jeunes filles et les jeunes hommes qui ne se voyaient pas souvent se retrouvaient. C'était le moment de régler des comptes car des anciens vivant loin les uns des autres étaient réunis. Des petites réunions impromptues s'organisaient en aparté. Les jeunes filles se retrouvaient sous des cases pour comparer leurs parures et parfaire leur apparence.

Je ne sais pas exactement comment cela se passa pour l'enterrement de Tjomi. Plus tard, à mon retour, j'appris qu'une rumeur circulait m'impliquant dans sa mort. Certains se méfiaient de moi, ils pensaient que j'avais des pouvoirs. Pour eux, j'étais partie avant l'incident pour m'innocenter de tout soupçon lié à sa mort. Je ne réagis pas à ces rumeurs, mais je me dis que ma qualité de femme étrangère, ajoutée à la mort mystérieuse de Tjomi, avait dû faire tourner les esprits.

Bien des mois après, lors d'une cérémonie de sort en présence de Paulus, un guérisseur ou *otjimbanda*, j'ai commencé à assister ce dernier en lui tenant ses petits pots. À un moment donné, les hommes se sont éloignés derrière des rochers en contrebas du campement. Je ne comprenais pas pourquoi et je suis restée à les attendre autour du feu avec des femmes et quelques jeunes hommes. Sans doute avaient-ils quelque chose à faire qui n'était pas réservé ni pour mes yeux ni pour ceux des femmes. Puis, ils sont revenus et ont repris le rituel au vu de tous. Soudain, Paulus, un Angolais, me regarda et me dit :

– Je suis content, Rina, que tu sois là. Tu vas m'aider car Tjomihano… où est Tjomihano ?

J'avais immédiatement compris où il voulait en venir, mais je ne savais pas que répondre. Je voyais bien que Paulus était sérieux. Je ne dis rien, me fis petite, tout en tenant les petits pots dans lesquels il piochait des portions de poudre. Après quelques minutes, l'un des hommes me conseilla d'aller me coucher car je lui semblais fatiguée. C'était pour me libérer devant l'insistance du guérisseur quant à mes prétendus pouvoirs. Ce fut l'épilogue de l'histoire de Tjomi.

Le lendemain, on me révéla aussi qu'il n'avait jamais été militaire et que la carte qu'il exhibait était en réalité celle de son frère, qu'il avait volée. Mais tout cela n'avait plus d'importance. Il était mort et les circonstances de sa disparition avaient eu de graves conséquences sur la famille et sur le chef. Celui-ci et sa femme vivaient toujours dans la case de remplacement à cinquante mètres de mon campement, en contrebas de la colline sur laquelle était situé le domaine.

Un matin, nous avions décidé de gravir la colline d'ottere située derrière la maison. Mon père, cet homme maigre à l'allure noble, grand buveur d'alcool, menait la marche à bonne allure. J'avais du mal à suivre, mais je faisais bonne figure. Arrivée au sommet, j'étais épuisée et essoufflée. Mon père était frais. Il s'assit face au paysage comme s'il venait de sortir de sa case après une sieste. J'avais toujours été impressionnée par ses qualités physiques et, cette fois encore, il me laissait sans voix. De là-haut, le paysage grandiose me sauta à la figure. C'était magnifique. Dans toutes les directions, on voyait très loin, très profondément à travers vallées et oueds.

– Tu me dis toujours que tu veux venir en Europe, mais tu as tout ici, dis-je à mon père. Là-bas, il y a trop de gens et des voitures partout, des maisons qui cachent le paysage. Tu ne te rends pas compte.

Il me regarda, puis laissa son regard balayer ce panorama. Sans doute y vit-il autre chose que moi. Pour lui, ce qu'il voyait était soumis à tout un vécu, à des considérations pratiques. Il apercevait un pâturage lointain, une source d'eau, un oued, le droit d'accès hérité à la naissance, la route qui y conduisait, sa maison aussi. Toute la différence entre le regard de mon père sur ce paysage et le mien était là. J'en faisais un tableau, il y sondait sa vie. C'est tout au moins ce que je me suis dit à l'époque. Mon père était un Tjambiru. Cette famille ovahimba aux multiples ramifications est celle des chefs de cette région. Dans la hiérarchie sociale, ils sont au sommet. Mon père possédait cette conscience d'appartenir à une aristocratie, vieille de plusieurs générations. Mais il ne signifiait aucune vanité ni arrogance à l'inverse d'autres chefs que j'avais pu rencontrer. Il était chef et cela suffisait pour que son autorité naturelle s'imposât. Pourtant elle était contestée, notamment par certains membres de sa propre famille qui ne voyaient en lui qu'un ivrogne incapable et qui l'accusaient presque d'avoir usurpé son statut de chef. Nous étions face à ce vaste paysage et peu peuplé de cette partie du nord-ouest de la Namibie. Un paysage dont les montagnes lointaines me rappelaient le jour où j'avais accepté d'aller chercher mon père à Embuende, lieu-dit d'un domaine familial de sa famille situé près de la frontière d'Angola.

Depuis mon arrivée à Etanga, le chef s'absentait à intervalles réguliers pour se rendre à Embuende. Avant d'y aller, il faisait sa parure ; il s'enduisait le corps de l'onction ocre, se vêtait de ses anciens habits en cuir souple et de ses bijoux de famille. Il m'avait souvent demandé de l'accompagner là-bas ou bien, une fois sur place, avait envoyé un message pour que je vienne le chercher quand il voulait revenir à la maison. Jusqu'à ce jour, j'avais toujours refusé d'aller dans ce lieu car il ne pouvait jamais me dire combien de temps il allait y rester et je ne pouvais pas quitter le campement indéfiniment. S'y réunissaient régulièrement des anciens de la famille pour faire avancer une cérémonie de deuil. Ces réunions pouvaient durer de nombreux jours durant lesquels mon père partait seul et revenait sans prévenir. Pendant ces moments-là, les perles du collier de mon père étaient desserrées pour indiquer que le deuil était en cours.

Cette fois-là, j'avais accepté d'aller le chercher en voiture. J'emmenai avec moi Kakaendona, Kapandi et Pokanjo qui devait nous servir de guide. Un groupe d'Espagnols de passage à Etanga nous suivaient dans leur propre véhicule. Nous partîmes avec une certaine imprudence pour cette région, assez tard dans l'après-midi. Il fallait passer par le village d'Otjitanda, plus au nord, puis emprunter une piste qui s'enfonçait dans la montagne, juste avant que commence la route à sens unique, escarpée et dangereuse, du col de Van Zyl, du nom du premier administrateur de la région qui l'avait ouverte pour créer une descente vers le Marienflüss. Après quelques errements et plusieurs demi-tours, un homme rencontré par hasard nous indiqua la direction avec des indices du genre « tourne à droite après l'arbre qui a une branche cassée et traverse un, deux, non, trois oueds et tu y seras. » J'étais nerveuse car la nuit se rapprochait et nous tournions en rond dans la brousse depuis plusieurs heures. De plus, les jeunes Espagnols qui me suivaient ne savaient pas conduire hors piste dans ce terrain pierreux et je redoutais par-dessus tout que leur voiture se casse. Si cela était arrivé nous aurions tous été embarqués dans une galère sans fin. Pour dépanner une voiture dans ces endroits, il faut faire venir par avion les pièces cassées et cela peut prendre plusieurs jours, sans compter le coût d'une telle assistance.

Kakaendona et Kapandi étaient elles aussi tendues, car elles me connaissaient bien et savaient que je n'appréciais guère ce genre de situation. Elles s'attendaient à ce que je me mette en colère à tout moment. Notamment contre Pokanjo, qui avait affirmé connaître le chemin mais qui semblait complètement perdu. En fait, il connaissait le chemin, mais pas en voiture, plutôt à pied ou à dos d'âne, ce qui lui permettait de passer par des raccourcis là où une voiture ne pouvait pas passer. Nous suivions une vague piste dont il ne restait que quelques traces ici et là, tant le passage de véhicules est rare dans ces contrées. Au bout de la piste nous ne voyions toujours pas le domaine familial. La nuit commençait à venir.

Les Espagnols qui me suivaient toujours avaient allumé leurs phares, m'éblouissant littéralement dans le rétroviseur. Je fus obligé de leur demander de les éteindre. Ils me collaient, ils n'en avaient pas besoin. L'allure était d'environ dix kilomètres à l'heure. Après un long moment, nous arrivâmes à une maison. Je me tournai vers Pokanjo dont les yeux me signifièrent qu'il ne savait absolument pas où nous étions. Il descendit de la voiture et franchit la clôture de la maison. De celle-ci sortit un homme. Un Omuhimba qui n'avait visiblement pas l'habitude de voir ni des étrangers ni des voitures. Les Espagnols avaient peur : la nuit noire, un homme sorti d'une obscure maison… Pour les rassurer, j'improvisai une petite mise en scène et l'homme, très gentiment, nous expliqua que nous avions fait fausse route et qu'il connaissait l'endroit où nous voulions aller. Il proposa de nous y conduire. Seulement le terrain était très accidenté. Il marchait devant ma voiture, mais là où lui pouvait passer entre d'énormes pierres, nous devions souvent faire demi-tour pour les contourner. Nous avons passé trois heures ainsi à naviguer parmi ces rochers. Plus nous avancions, plus des gens surgissaient dans la nuit, comme de nulle part. Inquiets, les Espagnols trouvaient qu'il y avait beaucoup de monde tout à coup. Je leur expliquai que le bruit de nos moteurs avait dû les intriguer et, par curiosité, ils venaient voir ce qui se passait. Par crainte que les Espagnols ne paniquent, j'allai jusqu'à dire que tous ces gens sortaient pour nous accueillir, que c'était comme une fête.

Après cette étrange déambulation nocturne, nous arrivâmes devant un spectacle éblouissant. Le paysage ressemblait à une peinture chinoise dont le fond était bleu nuit et les traits, d'ordinaire noirs, lumineux. Des tiges d'arbres montées en abris temporaires sur lesquels étaient drapées des couvertures pour protéger contre la brise froide des nuits du désert, avec à l'intérieur, de petits feux, le tout prenait l'allure de lanternes éparses diffusant des halos plus ou moins brillants, tel un grand tableau chinois en négatif.

Pendant les trois semaines que durait la réunion dans cet endroit, les participants se construisaient des huttes temporaires avec de grandes tiges. La nuit, ils les recouvraient de couvertures et faisaient des feux à l'intérieur autour desquels ils se blottissaient. C'est ainsi que les lumières tapissaient ici et là le fond de la nuit noire. On entendait les femmes chantonner la fin du deuil et des bœufs meugler, réunis en un grand troupeau pour le partage final de cette cérémonie de deuil. On voyait des silhouettes apparaître et disparaître au gré des ombres et de la lumière.

Le tableau qui s'étalait ainsi devant nos yeux n'était en réalité pas autre chose que le décor du domaine familial mythique et inoccupé où mon père se rendait pour une cérémonie de deuil avec d'autres anciens de la famille pour palabrer et décider du sort du nombreux bétail de celui qui était mort. Nous arrêtâmes nos voitures à quelques dizaines de mètres de cet endroit magique. Un silence déchiré de lointains murmures, de meuglements éparpillés de vaches et de bœufs, nous enveloppait. Le troupeau était tout autour de nous. Sans lune, la nuit ne nous permettait pas de le voir, mais il y avait l'odeur de la bouse et les meuglements réguliers. Je restai là à regarder et écouter, ébahie par ce spectacle féerique et pourtant bien réel.

Mon père nous avait entendus arriver et vint nous accueillir. Il était heureux que sa fille Kandavi vienne le chercher en voiture. Malgré l'heure tardive, il nous invita à venir parler. Un peu plus loin, un groupe de jeunes était en train d'improviser une danse d'*ondjongo*. J'étais envoûtée par ce que j'observais, à tel point que je ne pouvais pas filmer. Je n'y connaissais que mon père et il aurait été indélicat de sortir ma caméra comme ça, à peine arrivée. J'aurais pu ne prendre que le son. Mais je préférais simplement humer ce moment, sans capter, tout en me disant, que cette scène, je la gardais pour les mots.

Une fois la danse terminée, tout le monde alla se coucher sous ces abris aux allures de lanternes. Avec le chef, nous nous retrouvâmes autour d'un petit feu et nous nous mîmes à chanter quelques chansons. Mon amie espagnole, Lola, chanta dans sa langue des airs un peu grivois que j'essayais de traduire. Mon père l'imitait en essayant de chanter en espagnol. Tout cela se faisait de part et d'autre dans la dérision et l'humour. Les autres Espagnols semblaient être mal à l'aise, un peu tendus par ce qu'ils vivaient, comme si un tel partage spontané était incongru. En réalité, ils devaient aussi être angoissés par leur retour, seuls, le lendemain pour rejoindre Windhoek. Perdus en pleine brousse en dehors de toute route digne de ce nom, dès notre arrivée, ils demandaient à tout le monde comment faire pour retrouver leur chemin. Je leur indiquai simplement de rouler plein nord sans dévier, jusqu'à tomber sur la route venant du col Van Zyl. Ensuite il leur suffisait de suivre cette route vers l'est jusqu'à Otjitanda où ils croiseraient la route d'Opuwo, puis, de là, c'était plein sud en direction de la capitale. J'appris, bien plus tard, qu'ils s'étaient perdus mais qu'ils avaient fini par retrouver le chemin vers le sud et avaient roulé toute la nuit pour être à l'heure pour le lendemain.

Les Espagnols partis, la journée du lendemain passée seule avec ma famille fut magnifique. À la faveur du jour, je me rendis compte que le bétail rassemblé à cet endroit devait compter plusieurs centaines de têtes. C'était pour tous ces bœufs que les anciens venaient des quatre coins du Kaokoland afin de discuter pendant des jours et des jours de leur partage. Mon père demanda pour moi aux autres anciens la permission de filmer leurs palabres qui durèrent toute la journée.

Ils passaient des heures à discuter du partage des bœufs et à manger de la viande qu'ils cuisinaient, et cuisinaient encore dans l'eau de grands bidons placés sur des braises entretenues par de jeunes hommes. Les femmes étaient à l'écart et n'avaient pas le droit de manger la viande des bœufs sacrifiés pour la cérémonie de deuil. Elle se nourrissaient du lait qu'elles allaient traire des vaches de temps à autre. Elles attendaient que tout soit fini. Au bout d'un certain temps, les plus vieilles, celles qui avaient assez d'autorité pour se le permettre, se levaient et venaient dire aux hommes de se dépêcher de prendre une décision car elles en avaient assez d'attendre.

En tant que chef et aîné de sa famille, mon père était le personnage central de la réunion. Sa parole semblait peser plus que celle des autres. Il menait la discussion et annonçait les décisions à défaut de les prendre seul. Il expliquait par exemple quelle était la meilleure solution pour faire garder le troupeau de bœufs en attendant le partage définitif. Ils étaient une petite dizaine à échanger sur un mode très codé, signifiant leur accord ou leur désaccord à l'aide de gestes, sans exprimer explicitement la préoccupation qu'ils avaient tous en tête. Combien de têtes de bœuf allaient-ils pouvoir récupérer pour eux-mêmes et leur famille ? Ils fumaient du tabac devant l'autel sacré en se passant la pipe de l'un à l'autre. Si les rituels duraient tant de temps, c'est qu'il fallait que toutes les personnes concernées soient présentes. Ce qui n'était pas toujours évident malgré l'efficacité de la communication des Ovahimba. En l'occurrence il me semblait que, cette fois, les principaux intéressés étaient là.

Je restai ainsi des heures à écouter et filmer, m'éclipsant de temps à autre pour croquer une barre de céréales ou une pomme. J'étais la seule femme à assister aux palabres. Les autres femmes se tenaient à distance, mais elles écoutaient.

- Cérémonie au cours de laquelle les membres de la famille attribuent un nom au troisième né de Kakaendona.

- Les débuts de mon campement sur le domaine familial de la famille Tjambiru à Etanga.
- Construction de ma hutte par James, le menuisier itinérant.

- Le chef d'Etanga

- Mukaandjaou avec sa fille Nguaarua sous ma tente.
- Tjimbosi, le troisième enfant de Kakaendona.
- Le chef d'Etanga à l'autel sacré entouré de ses conseillers.

- Kakaendona, la fille cadette du chef. - Kazinguruka, l'épouse du chef.
- Vuaanderua, la nièce du chef. - Kandanda, l'époux de Vuaanderua.

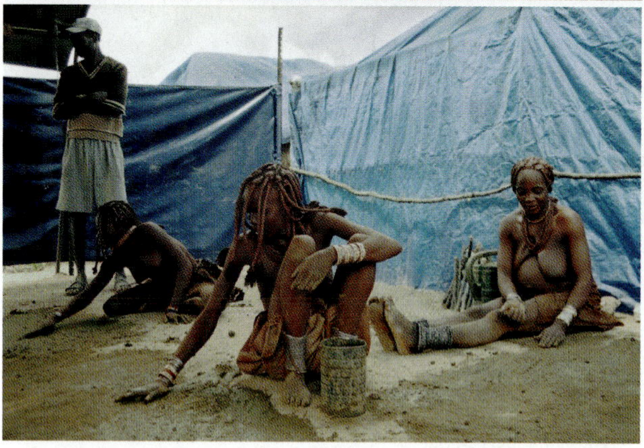

- KAPANDI (DEBOUT) SURVEILLE SON ÉQUIPE EN TRAIN D'ÉTALER DE LA BOUSE SUR LE SOL DE LA VÉRANDA.

- MUKAANDJAOU, ENCEINTE DE UAPEPERERUA ET KATJEKERE COLLECTENT DE LA BOUSE DANS L'OUED.

- NGUAARUA ET TOURÉ, LE FILS DE KATJEKERE, EN CONCILIABULE.

- JAMES, MUKAAKAJORA KAKAENDONA ET MUKAANDJAOU ÉTALENT DE LA BOUSE SUR LE PATIO.

- La mère de Katjekere portant une coiffe de mariage.

- Kakaendona, Kapandi, leur tante et mon assistant Kapi en train d'extraire de la montagne des pierres rouges dont les femmes fabriquent leur onction rouge.

- Kozondana, l'aîné de Mukaandjaou et mon enfant *adoptif* préféré.
- Pokanjo, fils cadet du chef, son épouse Kukatepa et leur fille, Vetoorore.
- Uauhareka, neveu du chef, et Tjomihano, mon assistant.
- Uapingena, le fils ainé du chef.
- Mukaakajora et les petits s 'essayent aux onctions de parure dans la hutte du chef.

- Kakaendona esquisse des pas d'*ondjongo*, jeux de danse de soin ou de fête.

- Vuaanḓerua mène un jeu d'*ondjongo* nocturne.

- Le puits de Nuku, puits creusé pouvant atteindre quatre niveaux de profondeur, dont on extrait de l'eau pour le bétail. - Sacrifice d'un bœuf, en l'étouffant avec la branche d'un arbre, pour un enterrement. - Le chef d'Etanga en haut de la colline d'oHere. - Tjomi vise avec le *fusil* qu'il a fabriqué pour affirmer son identité d'ex-soldat. - Tjomi remplit le réservoir de ma douche.

La grande question des discussions tournait autour du sort des bœufs du défunt qui, visiblement, en possédait un très grand nombre. Un tel troupeau est sacré. Celui qui en a la garde le possède de son vivant et doit le transmettre à ses héritiers selon des règles précises. Un fils hérite ses bœufs du frère aîné de sa mère, son oncle utérin. Le partage des bœufs se fait dans la maison du défunt car il est enterré là et il faut se retrouver autour de l'autel sacré de son lignage pour consulter l'être suprême par l'intermédiaire des ancêtres. Dans les temps reculés, le feu de l'autel ne devait jamais s'éteindre. Il était transmis de père en fils, de maison en maison.

Pour ne pas entrer en conflit, les anciens attribuaient le gardiennage de plusieurs parties du troupeau à des jeunes de familles différentes. C'était mon père qui menait la discussion et qui faisait en sorte d'imposer ses idées. À entendre les murmures des autres anciens, il lui arrivait de broder un peu les événements et les paroles des ancêtres pour faire passer une décision. Les autres n'étaient pas dupes et marmonnaient sous cape en le traitant de menteur. Le droit d'aînesse étant de rigueur, ils étaient obligés de se ranger à son avis. À la fin de la journée passée à écouter ces palabres, je commençais à être épuisée. J'avais faim. Je sentais que l'hypoglycémie me guettait et, n'y tenant plus, je me rapprochai des hommes en leur demandant dans leur langue de me donner de la viande. Aussitôt les regards se braquèrent sur moi.

– Tu es une femme, me lança un des anciens.

– Oui, je suis une femme. Mais je n'ai pas mangé depuis deux jours et je fais un travail d'homme. Je ne peux pas continuer si je ne mange pas, répondis-je sur un ton très sérieux.

Les hommes murmuraient entre eux, se concertaient. Ils trouvaient toute sortes d'arguments pour ne pas me donner de viande. Ils disaient que j'allais en donner aux autres femmes, ce qui était interdit. J'assurai que non, que je mangerais seule. Ils acceptèrent de me donner des morceaux de viande que j'attrapai avec une certaine avidité et en grande quantité avant de m'éloigner pour manger. Je rejoignis Kapandi et Kakaendona près de la voiture à l'écart pour partager avec elles mon butin. Mais Kapandi refusa avec virulence :

– Si je mange ça, mon mari ne voudra plus coucher avec moi pendant des mois et je n'aurai plus mes règles. J'aurai beaucoup de problèmes.

Kakaendona avait faim. Elle ne se fit pas prier. Et c'est ainsi que nous nous retrouvâmes accroupies, cachées derrière des broussailles, à dévorer les morceaux de viande de bœuf que les anciens avaient bien voulu me donner. C'est alors que Pokanjo arriva. Il ne me regarda même pas et ne m'adressa pas la parole. Il fusilla Kakaendona du regard et se mit à l'invectiver :

– Kakaendona ! Qu'est-ce que fais ? Tu ne peux pas faire ça ! Je vais le dire à ton mari !

– Je mange avec elle, je ne peux pas la laisser manger toute seule.

Pour essayer de dédramatiser la situation, je dis qu'il y avait trop de viande pour moi et que je ne pouvais pas manger seule. Je l'invitai même à partager notre festin. Il hésita un peu puis il promit de ne rien dire. Il se mit même à rire de la situation. Et il partagea la viande avec nous.

Nous sommes restés trois jours dans cette maison, sans eau pour se laver, sans nourriture, avec pour seule occupation les palabres des hommes âgés que je filmais. Après ces longues heures un peu hors du temps, mon père, le chef, décida qu'il fallait rentrer. La route du retour fut plus facile pour moi. Après avoir dépassé le village d'Otjitanda, alors qu'il nous restait environ vingt-cinq kilomètres à parcourir, la route s'engagea dans un étroit défilé entouré de petites falaises abruptes. À ce moment, j'entendis mes compagnons parler entre eux de choses que je ne comprenais pas. Ils me demandèrent de m'arrêter sans me dire pourquoi. J'accompagnai Kapandi, Kakaendona et Ponkanjo et demandai à mon père de rester près de la voiture pour la garder.

Chaussée de sandales, je me mis à gravir la pente escarpée et caillouteuse qui montait depuis la route. J'avais mon appareil photo en bandoulière et ma caméra vidéo sur l'épaule. Je ne savais pas où j'allais. Je suivais mes trois compagnons à travers les rochers et la végétation aride. Très vite, je compris le but de cette petite escapade. Ils cherchaient des plantes parfumées qui entraient dans la composition de l'onguent rouge dont les femmes s'enduisent le corps. Cette préparation est composée de pierre de fer oxydée broyée pour la couleur rouge, de graisse de vache et de plantes odorantes. Nous montions de plus en plus haut dans la montagne. Il y avait des crevasses, le terrain était très accidenté. J'essayais de les suivre tant bien que mal tout en les filmant. Kapandi et Kakaendona connaissaient très précisément les plantes qu'il fallait cueillir. Pokanjo les aidait à transporter les branchages. Car cette cueillette est une affaire de femmes. Ils sautaient de pierre en pierre comme des antilopes. J'avais un peu de mal à les suivre, mais je ne voulais rien perdre de cette scène, et mes acrobaties, caméra à l'épaule dans cette pente raide, devenaient dangereuses. Si je glissais, je pouvais à tout moment dévaler la colline et me casser quelque chose ou pire encore. Mais j'étais complètement prise par cette scène, regardant d'un œil à travers le viseur mes sœurs sauter sur des immenses rochers, tout en trouvant mon propre chemin de l'autre œil. En bas, je voyais mon père s'avancer vers nous. Il était inquiet de me voir ainsi, avec mes petites sandales, prendre des risques dans un environnement qu'à ses yeux je ne maîtrisais pas. Si jamais je perdais l'équilibre, je pouvais faire aussi bien une chute de deux mètres que de trente mètres. J'étais fascinée par cette cueillette impromptue. Kakaendona cherchait un certain type de plantes, Kapandi une autre sorte et Pokanjo encore une autre, qu'il ramènerait pour sa femme Kukatepa. Ils savaient très bien où trouver ce qu'ils recherchaient. Mon père finit par me rejoindre, m'enjoignant de descendre.

– Kandavi, dit-il, mon enfant, descends !

Mais, tellement impressionnée par la manière dont Kapandi et Kakaendona choisissaient et cueillaient les plantes, je restai à les regarder faire en capturant de précieuses images pour mon travail.

La collecte terminée représentait une formidable quantité de fagots. Une fois l'énorme volume de plantes et de branchages attaché sur le toit de la voiture, nous reprîmes la route. Aux abords d'Etanga, je proposai à mes compagnons de faire un saut au store du village avant de monter au domaine familial. J'avais soif et je voulais m'acheter une boisson fraîche. Mais ils me l'interdirent.

– Il vaut mieux aller directement à la maison, me dit Kapandi. On va d'abord ranger les plantes, on verra plus tard pour les boissons.

J'obtempérai tout en regrettant le goût d'un soda frais. En réalité, les femmes ne voulaient pas que d'autres voient les plantes par crainte d'être sollicitées pour les partager.

À notre arrivée à la maison, Omukurukaze afficha une joie manifeste, chose inhabituelle pour elle. Le ravitaillement de ces plantes parfumées était rare. Normalement, il fallait aller à pied pour les trouver et c'était une véritable expédition. Cette fois, grâce à ma voiture, le stock de plantes odorantes était remonté d'un seul coup sans trop d'efforts. Tout le monde s'affaira à disperser les plantes dans les cases du domaine pour ne pas laisser voir aux voisins qu'un important ravitaillement venait de se produire. L'obligation de tout partager chez les Ovahimba, que l'on me faisait valoir chaque fois que je rapportais des victuailles se faisait en fonction des circonstances. En l'occurrence, l'opportunité de pouvoir masquer l'arrivage d'une grande quantité de plantes recherchées avait fait l'objet d'un consensus familial immédiat et non discuté. En gros, si les herbes n'étaient pas vues, elles n'avaient pas à être partagées. C'était la fin du voyage à Embuende, imprimé dans ma mémoire comme un épisode magique dans mon séjour à Etanga.

*Kamanjab est une petite bourgade clairsemée, dernier avant-poste blanc sur la route du Nord. Les habitations sont éparpillées sur les collines au milieu desquelles coule la route. On peut traverser le village sans presque se rendre compte qu'il existe. Néanmoins il y a la station-service et à côté la coopérative, dernier endroit où je peux acheter du chocolat et des canettes de Red Bull pour la fin de la route.*

*Mentalement, je me prépare pour la suite. J'ai la peur au ventre car après Kamanjab la route n'est plus goudronnée. Elle est dangereuse, présentant des traces dans le sable sur lesquelles le moindre faux mouvement peut faire glisser la voiture. Je m'élance donc. Je coupe la musique pour me concentrer car la moindre erreur de conduite peut m'envoyer sur le bas-côté ou provoquer un dérapage suivi d'un tonneau. Je suis tendue lorsque j'aborde des virages sans visibilité car je sais que d'autres véhicules peuvent surgir, venant d'en face à grande vitesse et souvent déportés sur la gauche pour négocier au mieux la courbe. La première partie longe la limite ouest du parc d'Etosha avant de traverser la ligne vétérinaire, cette ligne sanitaire que faune et flore ne peuvent transgresser sans autorisation. C'est aussi une zone où l'on peut voir parfois de grands animaux qui sortent du parc d'Etosha comme des girafes ou des éléphants.*

*Je m'arrête à la ligne vétérinaire. Le contrôle est obligatoire. Les fonctionnaires opèrent une double vérification. La police vérifie les papiers et un contrôleur sanitaire vérifie que je ne transporte pas de viande ou d'animaux vivants.*

*– Tu vas voir ton chef, me lance l'un d'entre eux.*

*Ils sont sympathiques et savent ou je vais. Ils ont toujours un mot affectueux et encourageant pour la suite de la route. C'est aussi souvent l'occasion de me demander de prendre quelqu'un en stop. Sur le trajet avant la barrière, je ne prends pas souvent des gens en stop. Mais, à partir de là, j'embarque bien volontiers des auto-stoppeurs, surtout des gardes du parc d'Etosha ou bien des vieilles personnes.*

*Le long de cette route s'égrainent de nombreux petits villages ovaherero, ce peuple parent des Ovahimba. À leur différence, ils sont en partie christianisés et leur l'histoire avec les Allemands d'une part et les Ovambo d'autre part fut très conflictuelle. La majorité des Ovaherero a notamment été massacrée par les Allemands au début du XX^e^ siècle. Aujourd'hui, une partie de cette population est installée dans cette région parmi d'autres et exploitent pour la plupart des petites fermes. Je croise des enfants qui accompagnent leur troupeau de moutons ou de chèvres.*

*Sur le bord de la route, une vieille femme Omuherero me fait signe de m'arrêter. Je la fais monter avec l'enfant qui l'accompagne. Les auto-stoppeurs sont nombreux et je suis parfois un peu réticente à en prendre car je suis dans mes pensées et mon environnement confiné à l'intérieur de l'habitacle de mon vieux bakkie. Pourtant, chaque fois que je fais monter quelqu'un, je ne le regrette pas. J'offre une pomme à l'enfant. Nous parlons de choses et d'autres, mais j'ai du mal à comprendre l'accent de la vieille femme. Elle parle otjiherero, la langue des Ovahimba, mais elle ne la prononce pas de la même manière. Comme je m'exprime dans sa langue, elle pense que je comprends tout ce qu'elle dit. Mais des mots et des phrases m'échappent car elle parle très vite et mange les mots. Ne voulant pas les déposer au bord de la grande route, je quitte cette dernière pour effectuer les cinq kilomètres qui nous séparent de leur maison, une petite habitation aux murs de bouse et au toit de chaume. Je ne m'attarde pas car je veux arriver à Opuwo avant que les magasins ne ferment.*

*La route est terriblement plate, blanche et sèche. Le pire c'est quand on suit une vieille voiture ou un camion qui soulève un énorme nuage de poussière. Celle-ci entre partout dans l'habitacle, j'en prends plein les yeux et les narines. Lorsque je veux doubler la voiture qui me précède, c'est totalement à l'aveugle. Pendant plusieurs secondes, je ne vois rien et je prie pour qu'aucun véhicule ne vienne en face. Il y a aussi le risque de crevaison. Des pierres coupantes jalonnent la route. Il faut que je reste concentrée pour les éviter. Il m'est arrivé deux fois de crever en allant à Etanga. C'est très angoissant car les pirates de la route sévissent par ici. Si je suis seule et que quelqu'un passe ou s'arrête, je ne sais pas ce qui peut arriver : vol, viol, meurtre, enlèvement ou bien aide. C'est pour ça que je m'habille toujours avec des vêtements masculins et que je mets un chapeau et des lunettes noires pour qu'on ne repère pas facilement que je suis une femme, qu'il y ait au minimum un doute. En général les Occidentaux ne s'arrêtent pas. Le plus souvent, ce sont des gens du pays qui m'ont aidée, des Ovaherero. Des pères avec leurs fils qui leur disent : « Va aider la femme. » Ils sont étonnés que je parle leur langue, que je sois une femme et seule dans cette voiture chargée à bloc. Une crevaison c'est beaucoup de temps perdu. Il faut d'abord changer la roue, puis une fois à Opuwo il faut faire réparer celle qui est crevée avec l'angoisse ultérieure de la fragilisation du pneu ainsi transformé en roue de secours. Les animaux domestiques des fermiers vagabondent aussi très nombreux le long de la route et traversent souvent sans se soucier de la circulation. Je suis donc très vigilante et j'essaie de ne pas les quitter des yeux. Cette partie du voyage est épuisante de tension et d'angoisse.*

# III

Les Ovahimba – je l'ai appris avec le temps – aiment faire la fête. Je me souviens avec bonheur des soirées joyeuses durant lesquelles nous buvions de l'alcool en riant et en dansant. Je me souviens aussi de l'état d'ivresse de mon père titubant et offrant un spectacle de déchéance humaine. Pendant les premières années de mon séjour, à la demande d'une association luttant contre l'abus d'alcool, j'ai tourné un film sur les ravages de l'alcool dans cette partie du nord de la Namibie.

À Opuwo, des marchands venus d'ailleurs se sont installés pour fabriquer de l'alcool. Dans un quartier excentré, j'ai filmé une femme ovambo qui m'a dit qu'étant seule pour nourrir ses trois enfants, elle n'avait pas d'autre choix que de fabriquer et vendre de l'alcool. Chaque matin, elle se rendait dans un lieu baptisé Epupa – rien à voir avec les chutes du même nom – avec ses bidons. Un endroit situé sous un grand arbre, l'arbre d'Epupa. En ce lieu, tous les alcooliques des environs venaient boire et se livrer à toutes sortes de débauches. C'était ouvert du lever au coucher du soleil. Il y avait par conséquent un gros problème sanitaire car, une fois ivres, les gens ne savaient plus ce qu'ils faisaient et ne prenaient plus aucune précaution, notamment sur le plan sexuel. Dans un pays où les maladies sexuellement transmissibles sont en progression galopante, c'est une véritable tragédie. Certains dilapident toute leur richesse pour boire, délaissent leurs familles. D'autres rentrent chez eux, oubliant ce qu'ils ont pu faire et ainsi peuvent transmettre des maladies à ceux qui sont restés au village.

Un fermier du côté d'Omuramba, que j'interrogeais un jour sur les méfaits de l'alcool, me dit :

– Voilà. Nous avons l'indépendance. Mais quelle indépendance ? C'est la liberté pour ces commerçants de venir ici et, du coup, l'alcool est disponible en permanence. Mais les gens ici n'ont pas d'argent. Alors ils troquent leur bétail. Une chèvre peut partir pour une caisse de bière. Et, pendant ce temps, les gens ne s'occupent plus de leur famille, ni de leur maison, ni de leur troupeau. Les enfants sont livrés à eux-mêmes.

Même les instituteurs des écoles itinérantes se mettaient pour certains d'entre eux à trafiquer avec l'alcool. Les enfants des parents buveurs n'étaient d'ailleurs pas beaucoup protégés, même au sein de leurs familles. Les adultes qui buvaient pouvaient par exemple donner à boire de la bière à un enfant qui avait soif car personne n'était allé chercher de l'eau au puits.

À Etanga, l'alcool était aussi omniprésent. Au début, avec l'idée bien occidentale que je devais être un bon exemple, je faisais en sorte de ne pas boire. Je me comportais à l'égard de l'alcool avec la sobriété d'une nonne. J'avais toujours au campement une ou deux bouteilles de vin. J'en ouvrais une de temps en temps pour finir la soirée. J'avais remarqué à ces occasions que mes assistants vidaient la bouteille systématiquement. Ils ne pouvaient se contenter d'un seul verre. Je freinais donc la consommation d'alcool. Je voulais surtout éviter d'être perçue par les gens de la famille ou les gens extérieurs qui me finançaient comme le fournisseur en alcool de la communauté. Il en était d'ailleurs de même pour le tabac.

Le chef, mon père, était alcoolique. Sa femme buvait occasionnellement. Toutefois, dès que je revenais de Windhoek ou d'Opuwo, comme si elle était en manque, sa première question était : « As-tu apporté à boire ? » Au début, j'étais choquée par ce comportement. Les hommes, plus que les femmes, pouvaient être ivres des journées entières. Le pire de tous était sans doute Uapingena, le fils aîné du chef. Je l'ai vu souvent complètement ravagé par l'alcool, avec par exemple des plaques sur la peau. Souvent mon père venait en pleine nuit me réveiller, ivre, réclamant des sardines en boîte pour se rincer la bouche. Je tolérais mal son attitude. Cela me rappelait mon propre père qui était alcoolique. J'en avais souffert lorsque j'étais enfant. D'autant que je voyais bien que les autres du village ne le respectaient pas du fait de son alcoolisme. Certains me reprochaient de travailler avec lui. Ils considéraient qu'à cause de l'alcool, il ne remplissait pas son rôle de chef. Ce qui était en partie la vérité. Lorsqu'il buvait, il allait aussi, aux yeux de tous, s'encanailler avec de très jeunes filles, qui ne pouvaient rien dire car il était le chef. Les gens me reprochaient de vivre chez lui. Par périodes, il buvait quasiment en permanence.

Il y eut même des moments tendus entre lui et moi. Je le méprisais à cause de l'alcool et, à partir d'un certain degré d'ivresse, je le rejetais. Malgré tout, il venait tous les matins me dire bonjour. Il faisait comme si de rien était. Cela me gênait. J'étais énervée par ses visites surtout quand je recevais des gens qui s'intéressaient à mon projet. Ils ne comprenaient pas que le chef dont je leur parlais arrive complètement ivre. Devant mon indifférence, et mon rejet, il me dit un jour :

– Tu ne me respectes pas.

Ce fut un tournant pour moi. En prononçant ces paroles, son visage exprimait une douleur sincère. À partir de ce moment, je me dis que l'alcool étant présent partout, il fallait que je l'accepte et que cela faisait partie de la vie de cet homme et des autres. J'étais accueillie chez lui, dans sa famille, et je devais passer outre. Ensuite je m'adaptai à la situation et j'arrêtai de le critiquer. J'adoptai la même attitude que ses enfants c'est-à-dire que j'attendais que ça passe. Je restai toutefois choquée, comme tout Occidental, de voir des gens allongés à même le sol en train de cuver leur vin. C'était leur manière de boire ; ils voyaient le fond de la bouteille, un peu à la manière des Scandinaves ou des Russes. Ce n'était pas qu'ils étaient plus nombreux que chez nous, mais ils étaient là, bruts, sans interface, aux yeux de tous. Et ce n'étaient pas des clochards, comme on peut en voir dans nos rues, mais des gens respectables. Il faut s'imaginer ses parents, ses voisins, dans cette situation. Toutefois j'avais toujours du mal à m'y faire.

Le fils aîné du chef, Uapingena, blessé à la guerre, avait pendant longtemps arrêté de boire. Durant cette période, nous nous étions liés car il restait souvent à la maison puisqu'il ne pouvait pas marcher. Il gardait ainsi les enfants et faisait la cuisine. Lorsque je ne voulais pas aller avec les autres, je restais avec lui. Il me racontait des histoires. Il faisait chanter les enfants. Il évoquait la guerre. Et surtout, il aimait parler des étoiles, de la Voie lactée, que les Ovahimba nomment de trois manières différentes. Souvent nous prolongions notre discussion à distance la nuit. Moi, sous ma tente, lui dans sa case. Nous répétions les différents noms de la Voie lactée. Nous chantions aussi. Cela le faisait beaucoup rire. Quand il a recommencé à pouvoir marcher, il s'est remis à boire. Les soirées joyeuses ont disparu. Nous n'étions plus aussi proches. Il savait que je n'aimais pas qu'il prenne de l'alcool. Quelque chose s'était un peu perdu entre nous.

Les stigmates de l'alcool ont aussi envahi l'environnement. Lorsqu'on arrive à Etanga, on est frappé par le nombre de bouteilles vides qui jonchent le sol. Ni les commerçants ni les fournisseurs ne s'occupent de reprendre les bouteilles vides, pourtant parfaitement recyclables. Il n'y a pas de ramassage des ordures et les matières plastiques, tout comme le verre, ont été récemment introduites. Auparavant, tous les déchets que produisaient les Ovahimba étaient organiques, donc biodégradables. Aujourd'hui les déchets d'emballage durent dans le temps et jonchent les abords et l'intérieur du village.

Je critiquais beaucoup ceux qui laissaient leurs bouteilles n'importe où, mais personne ne m'écoutait vraiment. Un bidon en plastique cassé qu'on laisse au bord du chemin, ce n'est pas la même chose qu'une calebasse abandonnée. Mais les Ovahimba ne faisaient pas la différence, le plastique étant nouveau dans leur univers. À la fin de mon séjour à Etanga, je me suis mise à ramasser les bouteilles et je me suis aperçue que les jeunes m'imitaient. Je les ai donc encouragés à le faire systématiquement. Petit à petit, les comportements ont commencé à changer. Même les adultes ont pris conscience qu'il fallait nettoyer leur environnement, mais ils restaient passifs.

Lors des grandes occasions de beuverie, notamment lorsque le camion de l'administration venait chaque mois à Etanga pour verser leur retraite à ceux qui y avaient droit, tout le monde se retrouvait autour de l'échoppe. L'argent n'était pas entièrement utilisé pour payer les dettes contractées au cours du mois, notamment pour l'achat de céréales. Une partie était dépensée immédiatement pour acheter de l'alcool et le boire sur le champ. Au domaine du chef, on savait que le camion devait venir. Tous le guettaient depuis les hauteurs pendant qu'ils s'endimanchaient pour l'occasion. Il devait venir du nord, d'Otjitanda, et passer en contrebas de la colline. C'était chaque fois la promesse d'une fête. De là-haut, on voyait le camion arriver de loin. Dès lors qu'il était repéré, tout le monde descendait au centre du village pour toucher l'argent ou pour accompagner celui qui allait le recevoir. Le camion était escorté par des hommes en armes. Les gens attendaient. Ceux qui touchaient de l'argent avaient une carte à puce qu'ils présentaient et qu'ils introduisaient dans un distributeur installé à l'arrière du camion. Dès lors, leur compte était réactualisé et ils recevaient la somme qui correspondait à leur pension, l'équivalent de trente-cinq à quarante euros. Il y avait une longue file d'attente au guichet du camion. Le chef était dans la queue, parmi les autres, attendant sa paye. J'ai cru voir dans son regard une lueur d'humiliation d'être là, parmi les autres, comme un numéro de l'administration du pays. Une fois l'argent distribué et empoché, il était donc en partie bu sans modération. S'ensuivaient des scènes incroyables de liesse, mais aussi des hommes et des femmes ivres se roulant ou se traînant au sol. Les gens trébuchaient les uns sur les autres. Cela durait toute la nuit. Au début je ne participais pas. Puis j'avais fini par y aller. J'amenais la famille dans ma voiture et nous descendions jusqu'au village ensemble. Je buvais un peu avec les femmes, plus raisonnables en général. Elles savaient que je n'aimais pas trop boire et donnaient de l'argent à Kakaendona pour aller me chercher une bouteille de soda.

Quand il fallait repartir, Kakaendona, Mukaandjaou, Pokanjo et moi, nous battions le rappel. On criait, on interpellait les membres de la famille. Ils nous répondaient qu'ils venaient, mais c'était loin d'être immédiat. Cela pouvait durer une heure avant que nous ayons rassemblé tout le monde. Souvent nous ne ramenions pas toute la famille. Le lendemain, je devais endurer les remarques de ceux que je n'avais pas ramenés. Quelquefois nous y allions à pied, même si la famille me suppliait de prendre la voiture. Une fois, par une nuit sans lune, après la séance de boisson sans limites, nous devions remonter à la maison familiale. On ne voyait rien à un mètre de distance. Le noyau de la bande familiale était réuni et nous avancions comme un petit groupe errant, avec ceux qui marchaient droit et ceux qui titubaient, imbibés des litres de vin absorbés durant la soirée. Sur le chemin, il fallait traverser l'oued qui longeait le village. Arrivé devant le cours d'eau asséché, le chef me lança un défi.

– On va voir qui arrive de l'autre côté le premier, me dit-il très sérieux.

Je ne voyais rien dans cette nuit opaque. Nous nous sommes élancés dans cette course. Je n'arrivais pas avancer dans le sable mou, je mettais mes pieds dans de grosses bouses. Lui me distançait avec ses grandes jambes et malgré son degré élevé d'alcool dans le sang. Les autres riaient en traînant par-derrière. Seulement, une fois arrivés de l'autre côté, nous nous aperçûmes que nous avions perdu la femme du chef, Omukurukaze. Essoufflés, il fallut traverser en sens inverse le lit de l'oued pour la retrouver, marchant avec difficulté dans ce sable mou et sec. Nous la retrouvâmes vite. Elle errait, complètement soûle, ne sachant pas où elle allait et presque incapable d'aller plus loin. Son mari ne voulut pas la prendre par le bras et l'aider. C'est donc moi qui le fis. J'avançais à l'aveugle, à cause du noir ambiant, et je traînais une ivrogne. Le trajet du retour fut interminable. Elle me racontait des histoires et, quand elle parlait, elle ne voulait pas marcher, ou bien elle s'arrêtait pour se soulager. Je dus faire preuve de patience, et nous finîmes par arriver à la maison.

Une autre grande occasion de boire, c'était au moment des enchères de bœufs qui se déroulaient tous les mois à Etanga. Des éleveurs et des acheteurs venaient de partout, parfois même aussi loin que l'Afrique du Sud. De l'argent circulait. C'était donc le moment parfait pour acheter et vendre de l'alcool, et surtout le boire. C'était aussi l'occasion de réunir hommes et femmes pour une grande danse d'*ondjongo,* qui pouvait continuer des heures durant malgré l'état d'ivresse de certains danseurs. Lorsque tout le monde se mettait à boire dans des moments de grandes fêtes, on pouvait penser qu'ils étaient tous des ivrognes. Mais ces beuveries étaient ponctuelles et exceptionnelles. La plupart des Ovahimba buvaient occasionnellement. La proportion des Ovahimba alcooliques chroniques est sans doute minoritaire, mais elle est visible. Par exemple quand on arrivait à Etanga, il y avait quasiment en permanence une vingtaine de personnes autour de l'échoppe du village, le *store* ou *ostora*, comme ils disent, en rajoutant un « o » pour substantifier un mot d'emprunt. Ce n'étaient pas toujours les mêmes. Parfois je m'arrêtais, mais ce n'était pas agréable car ils me demandaient tout de suite de l'argent pour acheter de la boisson.

Le gouvernement essaie tant bien que mal de lutter contre l'alcoolisme, mais il ne fait pas grand-chose de concret pour s'y attaquer sérieusement. Les enfants qui vont à l'école, dès qu'ils deviennent adolescents, sont tentés et se mettent à consommer. Et comme ils n'ont souvent plus les barrières de la tradition, qu'ils sont un peu rebelles face aux anciens, ils se lancent dans la débauche. Cela débouche aussi sur de la petite délinquance pour pouvoir se payer des bouteilles, ainsi que sur une sexualité débridée.

Certains de mes jeunes assistants se comportaient ainsi. Ils passaient des nuits entières à boire et à aller voir les filles. Ils me volaient même des bouteilles de vin. Une fois, en mon absence, ils ont volé tout mon stock d'alcool. Je m'étais absentée deux semaines et ils en avaient profité pour faire une sorte de fête en continu. À mon retour, j'avais retrouvé la tente cuisine dans un état de saleté repoussant. Ils n'avaient pas lavé la vaisselle. Les casseroles sales et les détritus s'entassaient sur les tables. Ils me racontèrent que même le chef était venu boire avec eux. Leurs sous-vêtements sales traînaient dans mon bureau. J'étais dans une telle colère que je suis allée porter plainte au poste de police d'Opuwo. Je les avais prévenus. Ils pensaient que je serais en colère et que je les punirais dans la maison, mais pas que j'irais voir la police. L'un de mes assistants, qui accepta de parler, fut exonéré de punition, un autre fut arrêté sur-le-champ et resta emprisonné pendant six mois, le temps d'attendre son audition. Mon intransigeance et ma fermeté à l'égard des écarts de comportement n'étaient sans doute pas comprises par les Ovahimba. D'ailleurs une partie de la communauté d'Etanga me reprocha d'avoir porté plainte. À ce moment-là, j'avais encore comme objectif de me faire respecter par rapport à mes propres règles.

Ainsi, l'alcool reste un gros souci pour l'avenir. Il ronge une partie de la société ovahimba, surtout celle qui est installée à proximité des commerçants. Il provoque des comportements qui déstructurent la société. Quand un homme troque son bétail contre de la bière ou de la vodka, il dilapide son patrimoine, il met en danger la subsistance de ses héritiers, de sa famille. La délinquance est aussi une menace permanente. D'une manière générale, sans campagne de prévention active, la culture des Ovahimba ne devrait pas résister à la pression de la société urbaine avec laquelle elle est en contact permanent par les échanges, la communication, le commerce.

# IV

« Ceux qui sont morts ne sont jamais partis », ainsi commence un poème de Birago Diop[6]. Chez les Ovahimba aussi, le surnaturel est partout. Dans les premiers temps de ma présence à Etanga, les gens n'abordaient pas directement avec moi les questions de croyance. Ils ne semblaient pas penser que cela faisait partie de ma culture. J'étais une étrangère et sans doute pensaient-ils que je ne pouvais pas comprendre toutes leurs traditions. J'étais peut-être considérée comme hostile aux pratiques spirituelles des Ovahimba. On ne me parlait pas des cérémonies ni des procédés de ce que l'on pourrait qualifier de sorcellerie. J'entendais des tambours et des gens qui tapaient dans leurs mains. Mais je n'en savais pas grand-chose car je n'étais pas conviée. D'autant que les Européens ont traditionnellement pratiqué un fort prosélytisme, dont le message était le suivant : « Abandonnez vos traditions,

6. Écrivain sénégalais auteur notamment des *Contes d'Amadou Koumba*.

vos dieux, votre manière de penser, vos croyances, pour ne plus penser qu'à Jésus-Christ. » Les Européens ne semblaient concevoir qu'un choix binaire, soit les Ovahimba embrassaient la religion chrétienne avec tout ce qui va avec, c'est-à-dire une manière de vivre, de penser, de s'habiller et de prier, soit ils restaient à pratiquer leur culture considérée comme animiste. Il n'y avait pas de syncrétisme envisageable, mais un choix tranchant pour un monde ou un autre. Assez tardivement, certains ont accepté d'inclure des pratiques comme le chant, la danse, qui facilitaient l'adaptation des nouveaux adeptes aux croyances chrétiennes.

Dans les premiers temps, cette mise à distance ne me posait pas de problème ; je préférais laisser venir les choses. Pendant mon enfance, j'avais été nourrie des histoires de mes grands-parents, fermiers plutôt racistes, dans le nord de l'Afrique du Sud, considérant que les coutumes de ces tribus étaient primitives. J'étais loin de partager leur avis, mais les tambours et les voix qui s'étiraient dans le veld me rappelaient les nuits de mon enfance où nous nous serrions autour du feu, en écoutant les hommes raconter les aventures de chasse, avec dans le fond les messages du tam-tam. Puis j'avais des connaissances sur les traditions africaines, apprises pendant mes années d'études d'anthropologie et de collaboration sur des films de Jean Rouch. Il m'avait souvent raconté les transes, les communications avec les esprits, lui qui avait été initié à ces usages. Il en parlait d'une manière naturelle comme s'il était question de ses voisins. J'étais donc préparée, mais à Etanga, j'étais un peu mal à l'aise au début car je voyais bien qu'on ne voulait pas partager ces choses avec moi. Je craignais de repartir sans avoir pu voir ni écouter les cérémonies spirituelles si importantes dans la culture d'un peuple.

Petit à petit, j'ai compris en conversant avec mes hôtes que les gens dont ils me parlaient souvent étaient en réalité des esprits. Ils évoquaient souvent ces derniers et surtout leur volonté. Par exemple dans certains cas, on me disait que quelqu'un était malade, alors qu'il s'agissait d'une présence menaçante d'esprits. Cela pouvait se poursuivre par des symptômes et même une consultation à la clinique et une réunion d'*okuhakere*[7] pour régler le problème et obtenir la guérison. Je suis entrée dans ce monde des esprits en douceur, sans brusquer les gens. Mon principal médiateur en la matière fut Musisi. Un personnage d'une grande curiosité, sachant tout et se mêlant de tout. Il parlait de magie comme s'il avait été un observateur extérieur, se détachant des rituels. En même temps, certains membres de sa famille en étaient adeptes, d'autres avaient adopté la fois chrétienne. Musisi, quant à lui, interprétait ce travail avec les esprits avec une certaine réprobation. Quelques personnes avaient suggéré qu'il y avait des gens qui pratiquaient la magie noire, que certains hommes couchaient avec leur propre mère pour se donner davantage de pouvoir. Je ne savais pas si ces rumeurs étaient fondées ou pas, mais il me semblait que de tels actes représentaient pour un homme une sorte de retour à la matrice.

7. *Okuhakere* ou « taper dans les mains », rythme accompagnant des cérémonies d'appel d'esprits.

Concernant la vie avec les esprits, Kamboo, Mukaandjaou et Kakaendona furent également des guides pour moi, sans toutefois s'aventurer trop loin dans les tabous et les interdits. Ils m'ont un peu laissée sur ma faim après la prise d'esprit de Kukatepa, la femme de Pokanjo, fils cadet du chef et frère de Kakaendona, Kapandi et Uapingena. J'avais filmé cet événement pendant plusieurs jours sans tout saisir du sens de ce que j'enregistrais. Je voulais donc en savoir plus et essayer de décrypter. Après la prise d'esprit, je leur avais demandé pourquoi les autres femmes étaient jalouses de Kukatepa. Mes interlocuteurs prirent alors une mine très sérieuse et sans émotion.

– Ça, je ne peux pas te le dire, me répondit très calmement Mukaandjaou, sans la moindre étincelle dans l'œil et sans sourire.

D'ailleurs Mukaandjaou ne semblait pas trop s'investir dans des rituels. Cela faisait partie des coutumes héritées de ses parents et de la communauté. Elle était néanmoins capable d'entrer en transe, mais lorsque je l'observais attentivement, et contrairement aux autres, j'avais parfois l'impression qu'elle n'était pas réellement dedans. Cela faisait peut-être juste partie de son caractère.

Un jour, quelqu'un vint me dire que Mukaandjaou était malade. C'était devenu un procédé systématique car les gens d'Etanga savaient que j'avais quelques médicaments et ils espéraient que je leur en donnerais. Je refusais, car n'étant pas médecin, j'évitais de faire un diagnostic. J'allai donc la voir. Elle me montra l'endroit de son corps qui la faisait souffrir. C'était au niveau de l'estomac, sous le sternum et au niveau des épaules. Plus qu'une maladie, je soupçonnai, un stress, une pression. Mais je n'en étais pas sûre évidemment. Elle était allée à la clinique locale, mais un remède supplémentaire, qui consista à organiser une séance d'*okuhakere*, une danse en frappant des mains, accompagnée de percussions sur des calebasses, fut aussitôt organisée. Ces séances de production de rythmes créaient des vibrations régulières qui préparaient l'esprit de la malade. Son cerveau était en quelque sorte dérivé, apaisé, et il entrait dans un état second proche de l'hypnose. Mukaandjaou était face à la haie des femmes et du sorcier frappant dans leurs mains. Son état s'altérait peu à peu. L'esprit venait sans qu'elle ne sache plus elle-même où elle était. C'est ainsi que Kakaendona m'avait expliqué la possession.

– Quand l'esprit est en toi, tu es où ? lui avais-je demandé.

– Je ne sais pas. Je ne suis plus là. L'autre devient lui-même en moi.

Lorsque l'esprit arriva dans Mukaandjaou, elle entra en transe. Elle devint possédée et se mit à parler la langue des esprits. Seuls ceux qui ont une propension à accueillir le même type d'esprit sont alors à même d'interpréter ce langage. C'était à ce moment que l'on pouvait savoir pourquoi Mukaandjaou était malade et ce qui se passait, l'esprit pouvait l'expliquer. Et cela suffisait. C'était un puissant complexe imaginaire pour réguler des problèmes au sein de la communauté.

Après la transe et la venue de l'esprit, il fallait récompenser celui-ci. Cela se traduisait par un don.

On demandait à l'esprit ce qu'il voulait. Il pouvait s'agir d'argent, d'alcool, d'une chèvre ou d'autre chose. C'était une sorte de négociation lors d'un second temps de la cérémonie. Souvent, une chèvre était sacrifiée et les participants en mangeaient la viande. Quand il s'agissait d'alcool, cela pouvait accélérer le processus de la transe. Ce genre de cérémonie pouvait durer deux ou trois jours sans répit. Les participants ne mangeaient pas beaucoup les premiers jours et se consacraient tout entiers à la guérison et au rituel de communication avec les esprits. Certains, des *ovimbanda*, des guérisseurs, pouvaient venir d'assez loin pour l'occasion. On allait les chercher ou bien on envoyait un message pour les faire venir, parfois de très loin, puisque la plupart d'entre eux venaient d'Angola. Chaque *otjimbanda* a sa propre légende et sa propre spécialité. Certains administraient des herbes, d'autres étaient capables d'enlever les mauvais sorts ou d'en jeter. C'étaient souvent des Ovagambwe, dont certains considèrent qu'il sont parents des Ovahimba uniquement par acculturation.

À Etanga, le plus populaire des *ovimbanda* s'appelait Paulus. Il venait de l'autre côté de la rivière Kunene. Pendant la guerre civile en Angola, qui vit s'affronter indirectement pendant vingt-sept ans Cuba et l'URSS d'un côté et l'Afrique du Sud soutenu par l'Occident de l'autre, il avait été enrôlé comme soldat et envoyé en Russie pour y être formé. Là-bas il avait beaucoup regardé la télévision et côtoyé l'église orthodoxe. Il s'était fait sa propre légende en puisant dans le communisme cubain à la Che Guevara, le christianisme et sa propre religion pour arriver à un syncrétisme personnifié. On m'a raconté un des hauts faits de ce guérisseur. Avant mon arrivée à Etanga, il s'était occupé d'une femme ensorcelée par son père. Elle vivait en Angola, mais Paulus l'avait obligée à passer du côté namibien pour éviter l'influence de l'esprit de son père. Il disait qu'il ne pouvait combattre l'esprit que dans son fief situé non loin d'Etanga. Il apporta l'esprit du père dans une bouteille de lait en verre. Pendant plusieurs jours, il opéra des rituels très longs, utilisant des croix chrétiennes, des sacrifices d'animaux. Le tout aboutit en une grande scène de résurrection jouant sur la métaphore du Christ pour faire revenir cette femme à la vie. Je possède la copie d'un film réalisé par un voyageur allemand. La femme malade était très atteinte, ce qui rendait les images très impressionnantes. En plein délire, elle courait sans raison dans la brousse comme une poule déboussolée. À l'issue d'un rituel complexe élaboré sur une sorte de résurrection, Paulus réussit à la guérir et elle put rentrer chez elle.

Je n'ai jamais été témoin de cas aussi spectaculaires à Etanga. Une seule fois j'ai vu un homme partir en transe. Les rituels étaient peu suivis par les hommes. C'était bien plus violent que chez les femmes qui entraient plus fréquemment dans ces états. Seuls le chef, Kamboo, et le vieux Verinavi, un parent de la famille Tjambiru qui vivait près du domaine familial, se mêlaient de ces cérémonies. Verinavi était par exemple souvent appelé lorsqu'un accouchement se passait mal, non pas pour faire le travail de la sage-femme qui, de toute manière, était toujours présente. Mais lorsqu'il y avait un problème, et même si la cause était évidente comme un enfant qui se présente par le siège au lieu de la tête par exemple, cela pouvait être le signe que quelqu'un avait jeté un sort pour faire mourir le bébé, pour récupérer le placenta ou pour que son âme s'occupe des troupeaux du jeteur de sorts. Le placenta est en effet très prisé par les malfaiteurs. Ils le font sécher et le broient pour en faire une poudre et l'utiliser dans leur travail. Les hommes le savaient et certains n'hésitaient pas à commettre des méfaits pour se le procurer et ensuite le vendre aux *ovimbanda* au prix fort.

Donc, dans les cas d'accouchement difficile, Verinavi devait venir pour empêcher la mort du bébé. Avec ses mains, il effleurait le ventre de la femme pour lui transmettre son magnétisme. Une fois, j'ai voulu voir ce qu'il faisait lors de l'accouchement de sa fille. Au début, il ne voulait pas que j'entre dans la case. Je suis restée à l'épier de loin. Ça a duré plusieurs heures. Pendant tout ce temps, les femmes gardaient l'entrée car les hommes, excepté Verinavi, n'avaient pas le droit d'entrer dans la case. Ce jour-là je fus, quant à moi, autorisée à entrer, une fois le petit né. Je vis la jeune femme épuisée à laquelle on remettait autour du ventre sa ceinture de cuir. Une vieille femme sortait la matrice à mains nues. Le nouveau-né était là, la peau toute pâle, une chevelure abondante s'articulant en de grandes boucles, les yeux bleus, parmi les femmes qui s'affairaient, dont une fumait la pipe.

– *Lepei* ! *Lepei* ! cria une vieille grand-mère qui était assise devant la porte afin d'empêcher les hommes de rentrer.

Cela signifiait que le bébé qui venait de naître était une fille. L'information était importante, notamment pour tous les hommes qui attendaient autour de la case. Le sexe de l'enfant était important à connaître car, selon qu'il s'agissait d'une fille ou d'un garçon, les conséquences sur l'héritage des bœufs n'étaient pas les mêmes. Une fois que l'information fut connue de tous, les hommes se dispersèrent l'un après l'autre, avec cette manière qu'ont les gens du désert d'apparaître et de disparaître sans qu'on les voie ni arriver ni partir.

Ce jour-là on envoya chercher une pioche pour enterrer le placenta dans la case dont le sol était couvert d'une couche de bouse très dure. Ainsi personne ne pourrait s'en emparer. C'est pourquoi, dans les jours qui suivirent, la hutte ne fut jamais laissée vide. Une femme la garda en permanence. L'objectif des femmes était d'attendre le moment propice pour aller enterrer le placenta plus loin.

Le monde des esprits et des sorts était ainsi présent dans tous les moments de la vie. Les esprits notamment étaient très nombreux. Ce sont des esprits d'ancêtres et d'animaux qui se manifestent chez les hommes, dont *l'omakumuka*, l'esprit d'un ancêtre, ou l'esprit d'un l'oiseau, l'*ongombe*. Les esprits sont en lien avec l'être suprême, *Ndjambi*, ou *Omukuru*, le nom que les missionnaires lui ont donné d'après le mot *omukurumenu* qui désigne l'ancien de la maison. Ces premiers envoyés n'ont pas réussi à convertir les Ovahimba, mais ils ont instillé l'idée du plus vieil ancêtre qu'ils appellent *Omukuru* ou *Mukuru,* le mot ayant perdu une partie de son préfixe dans l'usage qu'en font les étrangers. Aujourd'hui le mot désigne plus couramment Dieu. Comme dans les religions monothéistes, il existe une hiérarchie de personnages sacrés. L'être suprême, les esprits, que l'on pourrait comparer aux anges, les anciens, qui sont des sortes de prophètes ou de saints. Et puis il y a l'autel sacré, présent dans chaque maison, lieu des cérémonies, composé du bûcher, du feu, qui doit être maintenu en permanence, et du demi-cercle de pierres qui l'entoure, à l'instar de ce qui se pratique dans d'autres religions comme le bouddhisme, le shintaïsme ou bien le judaïsme et le christianisme.

Les *ovimbanda* ou guérisseurs sont les médiateurs entre les hommes et le surnaturel. Ils ont plus ou moins de prestige en fonction de leur origine et de leurs pratiques. Paulus était respecté, mais il y avait d'autres guérisseurs qui possédaient plus de pouvoirs. Il y avait notamment un certain Masseca, chef des Ovakuvale, qui vivait à Virei, de l'autre côté de la frontière, dans la province de Namibe en Angola. Les Ovakuvale, de langue et de culture semblables à celles des Ovahimba, est l'autre grand peuple d'éleveurs de la région. Ils cultivent plus que ces derniers, des jardins plutôt que des champs, comme le font les Ovahakaona. Masseca était un homme mystérieux, respecté et craint pour ses pouvoirs. On disait qu'il pouvait faire disparaître des personnes. Lors d'un déplacement dans le Sud-Ouest angolais, je suis allée le voir.

Depuis Etanga, rejoindre cette partie de l'Angola représentait une véritable expédition. Il fallait emprunter une route montagneuse périlleuse en direction du nord-ouest, vers la côte atlantique, de l'autre côté de la frontière matérialisée par la rivière Kunene. Cette route de montagne était très escarpée, avec des à-pics et des précipices vertigineux et magnifiques à la fois. Sur le chemin, nous croisions des camions à peine en état de rouler. Il fallait conduire avec une extrême prudence. Mon angoisse principale, dans la descente, était que les freins ne tiennent pas. Sur cette même pente, mon compagnon de route, au volant à ce moment-là, me demanda :

– Si on n'a plus de freins, qu'est-ce que je fais ?

– Tu débrayes, tu rétrogrades, même en forçant s'il le faut et dans un virage tu essaies de rentrer, le plus lentement possible, dans la paroi de la montagne, lui répondis-je. Cela vaut mieux que d'aller dans le ravin.

Quelques minutes plus tard, alors que j'étais dans mes pensées, il me lança :

– Je n'ai plus de freins.

– Qu'est-ce que tu dis ?

– Je te dis, je te dis que je n'ai plus de freins.

En un quart de seconde, je réalisai.

– Débraye, débraye, débraye ! criai-je aussitôt.

Il commençait à paniquer car le conseil que je lui avais donné auparavant ne marchait plus. La route était surélevée et, de chaque côté, il y avait un ravin. Nous réussîmes tout de même à continuer en seconde après que le frein à main ait lui aussi lâché.

Cet épisode illustre d'ailleurs l'une des raisons pour lesquelles les peuples situés de l'autre côté de la montagne, les Ovakuvale, avaient été relativement préservés de la guerre entre l'Afrique du Sud et l'Angola. Le pays des Ovakuvale chevauchait en partie le parc naturel d'Iona. Avant la guerre, celui-ci recélait une des faunes les plus riches de cette partie de l'Afrique. Mais les combattants de tous bords s'en servirent comme garde-manger, et, en se retirant, les troupes d'Afrique du Sud auraient organisé d'immenses battues à hélicoptère pour faire refluer les animaux de l'autre côté de la frontière. Si bien que la région se vida de sa richesse sauvage, surtout des grands animaux comme les éléphants. Depuis la fin de la guerre, tout ce secteur est en voie de réhabilitation.

Masseca nous accueillit plutôt froidement. C'était un homme de pouvoir, le grand chef des Ovakuvale, dignitaire de l'État angolais et du MPLA, le parti qui dirige aujourd'hui le pays. Il était aussi guérisseur. Cet homme mince était habillé à l'occidentale, avec un pantalon de flanelle grise. Sa maison, située à côté de la représentation du MPLA pour le Sud de l'Angola, était sommairement aménagée, de style plutôt traditionnel. Il ne nous a pas fait entrer. Nous l'avons suivi jusqu'à son cabinet de guérisons situé à une cinquantaine de mètres de là. Devant l'entrée, un feu brûlait en permanence. Masseca y chauffait des pierres de quartz blanches avant de les broyer pour utiliser la poudre dans les cérémonies. Il y avait interdiction d'y entrer sauf sur invitation, et interdiction tout court pour toute femme qui avait encore « la maladie de la lune », c'est-à-dire les femmes qui avaient encore leurs menstrues. Autour, il y avait des gens venus là pour se faire soigner. Ils venaient parfois de loin et pouvaient rester plusieurs jours, voire des semaines, pour des cas graves. Nous avons parlé avec certains d'entre eux et aussi avec des fonctionnaires du village. Tous nous ont dit que Masseca était un grand guérisseur, respecté, voire craint, et que lorsqu'il s'occupait de quelqu'un, il pouvait s'abstenir des choses de la vie, comme manger ou boire.

Toutefois nous ne sommes pas restés assez longtemps pour en savoir plus. Masseca était méfiant. Une femme blanche qui étudiait les Ovahimba, qui parlait l'otjiherero avec l'accent de l'autre côté de la rivière, que venait-elle faire là ? Il prétendait qu'il ne me comprenait pas lorsque je parlais l'otjiherero et insistait pour avoir un traducteur. À chaque fois que nous voulions le voir, il n'était pas là ou bien il prétextait un soudain travail urgent. Nous sommes restés dix jours au lieu des cinq initialement prévus car il reportait toujours nos rendez-vous. Mais je ne perdais pas espoir de m'entretenir avec lui. Notre séjour à Virei, petit village du sud de l'Angola, se déroula au rythme des attentes et des rencontres, des escapades et des émerveillements devant la beauté des gens et des paysages. Un jour, il nous emmena dans des grottes dont les parois étaient ornées de peintures rupestres de peuples pré-bantous, puis dans un domaine familial où vivaient des Ovacaroca. Une autre fois, il nous emmena dans une bergerie qui se trouvait à côté d'un jardin magnifique, pour filmer une séance de transe.

Je savais qu'il fallait être patiente, que Masseca ne se livrerait pas facilement. Nous étions logés dans la Palacio, un endroit infesté de moustiques à tel point que nous préférions dormir dehors sur le toit du pick-up, à l'étonnement silencieux des fonctionnaires qui étaient nos hôtes. Nous sommes repartis sans que Masseca n'ait montré ni raconté aucun secret de ses guérisons ; et pour cause, les faits du surnaturel ne se racontaient pas. Je savais dès lors qu'il faudrait revenir, seule cette fois, avec du temps pour moi, le temps, cet indispensable compagnon pour réussir la découverte des autres.

# V

*Opuwo n'est plus très loin. La route s'étire dans sa poussière.* Les feuilles mortes *d'Yves Montand m'accompagnent un moment. Je ne peux pas me passer de mes chansons à faire pleurer même si, dans cette partie du voyage, je préfère couper la musique pour me concentrer sur la route. J'ai les yeux tendus vers le point à atteindre, devant moi. Je mâche les derniers morceaux de* biltong *– ou viande séchée – qui me restent.*

*Opuwo. Enfin ! Je vais pouvoir retrouver des copains. Cette petite ville c'est un peu le far-west, un melting-pot fait de poussière, de regards, de gens qui vont et viennent, d'animaux qui traversent les rues à tout instant. C'est la dernière bourgade avant les montagnes et l'Angola, tout là-haut, et le dernier endroit où l'on peut se ravitailler en essence.*

*Je vais voir Joana, la gérante du supermarché. Et puis Lente, la gérante du Lodge, une jeune femme devenue une amie et qui m'a rendu par le passé d'énormes services avec une bonne volonté jamais défaillante. Lorsque des pièces détachées que j'avais commandées n'arrivaient pas, elle demandait à quelqu'un de les apporter par avion. Son chien Boer-bull m'accueille. C'est un chien impressionnant avec une énorme tête, qu'elle a pris pour se protéger, car elle est souvent seule au lodge la nuit, et il y a des raids fréquents de bandes armées qui viennent piller et rançonner. Je passe un peu de temps avec elle pour souffler avant de repartir. Je suis impatiente de sortir de cette ville et de commencer la dernière étape de mon voyage, celle d'Etanga, un trajet de cent kilomètres, mais qui peut prendre jusqu'à trois heures, en fonction de l'état de la route.*

Durant mes trois premières années à Etanga, j'avais engagé des assistants pour m'aider dans mon travail. J'ai déjà raconté l'histoire de Tjomi et évoqué Musisi, mais il y en a eu d'autres. Ils ont finalement été assez nombreux car ils restaient peu de temps et donc tournaient beaucoup. Je les recrutais à Opuwo. Il y avait quantité de jeunes, qui avaient été scolarisés, mais n'avaient obtenu aucun diplôme et qui n'avaient pas de travail. Des gens qui savaient lire et écrire, qui parlaient l'afrikaans et l'anglais, qui pouvaient servir d'interprète car, en arrivant, je ne parlais pas la langue des Ovahimba. Certains avaient déjà travaillé avec d'autres chercheurs. Ces jeunes gens avaient un rapport parfois conflictuel avec les Ovahimba. Ils faisaient partie de cette culture, mais l'école les en avait éloignés. Ils préféraient porter des chaussures Nike et s'habiller à l'occidentale, considérant leurs parents comme arriérés. Ils appartenaient à une autre culture et ils pouvaient manifester du mépris ou, à l'inverse, de la crainte. Je me rendis vite compte que les rapports ne seraient pas simples entre les gens d'Etanga et mes assistants.

Mon premier assistant, Ben-Moore, m'avait été recommandé par un de ses cousins, qui était maître d'école. Je me souviens parfaitement de notre premier entretien. À la fin, très à l'aise, il m'avait demandé :

– Tu n'aurais pas une bouteille de Coca-Cola pour moi ?

Tellement surprise par cette requête, j'étais allée lui chercher une boisson. Finalement je l'engageai. Mais il ne resta pas longtemps. Il méprisait les Ovahimba et parfois le montrait, ce qui me posait problème. Il rêvait de la ville. Son ambition était de devenir modèle. Bien plus tard je l'ai croisé à Windhoek. Il y vivait comme un marginal et ne trouvait pas de travail.

En même temps que Ben Moore était arrivé Tjomi. Mais ce dernier ne pouvait pas me servir d'interprète. Il fallait donc impérativement qu'un autre interprète remplace Ben Moore lorsqu'il s'en alla. Je fus très contente de recruter son remplaçant. Il s'appelait Magic. Intelligent, il manifestait un désir d'apprendre, mais il était malade et devait fréquemment se rendre à Opuwo pour des consultations médicales. Toutefois je me rendis vite compte qu'il n'allait pas à Opuwo que pour des raisons médicales. Je découvris qu'il avait monté avec des amis un élevage de poulets et qu'il se rendait là-bas pour s'en occuper. Il me disait qu'il partait deux jours en congés et je le voyais revenir au bout d'une semaine. Il prétextait qu'il n'avait pas trouvé de voiture pour le ramener, mais je savais pour les voir passer que les véhicules en provenance d'Opuwo étaient assez nombreux à transiter par Etanga. Comme je le payais pendant ses congés, la situation devint vite intenable pour moi.

Magic et Tjomi étaient rapidement devenus amis. Jusqu'à l'arrivée de Nico, un autre assistant qui venait de Windhoek et qui devait s'occuper d'établir un répertoire de nos travaux. Nico était Baster, une culture issue d'un mélange d'Anglais, d'Allemands et de Nama, peuple apparenté aux Khoi-Khoi ou Hottentots. Il était végétarien, ce qui ne facilitait pas son séjour au campement où les légumes étaient rares et dans une culture où l'homosexualité était mal considérée. Vu l'attitude qu'il afficha rapidement envers moi, il était clair qu'il n'aimait ni les femmes ni les Blancs. À peu près en même temps que Nico, j'avais recruté une jeune femme, Nelda, qui était la nièce d'un ami. Très vite ces deux nouveaux venus me causèrent de gros soucis. Ils liguèrent Tjomi et Magic contre moi. Ils me reprochaient de ne pas leur donner assez d'argent pour leur petit déjeuner. Pour le déjeuner, je mangeais avec eux et je planifiais les menus et les repas, mais je leur donnais un forfait pour le petit déjeuner pour qu'ils s'achètent ce qu'ils voulaient. Je ne partageais pas ce repas avec eux. Un jour, Nelda avait préparé de la bouillie de maïs. Elle la retira du feu et jeta la nourriture par terre devant moi et devant les Ovahimba qui étaient présents à ce moment-là.

– Je refuse de manger ça si tu ne me donnes pas de l'huile, me lança-t-elle.

– Tu reçois un forfait pour tes repas, tu peux acheter de l'huile si tu veux.

Nelda ne répondit pas, mais elle refusa effectivement de travailler. Nico, décida lui aussi de ne pas travailler. J'invoquai en vain le contrat de travail qu'ils avaient signé en bonne et due forme. Tjomi et Magic travaillèrent un peu ce jour-là.

La crise dura. Pour tout arranger, Magic me dit qu'il voulait s'absenter à nouveau pour raison de santé. Comme je ne croyais plus un mot de ses histoires, j'acceptai mais en lui signifiant qu'il ne serait pas payé durant son absence et que, s'il ne rentrait pas à l'heure le jour qu'il m'indiquait, ce serait terminé pour son travail avec moi. La suite fut brutale. Magic ne rentra évidemment pas à l'heure. Je l'attendais de pied ferme :

– J'en ai assez. Nelda, Nico et toi Magic, je vous ramène à Opuwo tous les trois et vous ne travaillez plus pour moi, c'est terminé.

– Tu me ramènes à Windhoek, me répondit Nico.

– Non, tu te débrouilles, je te donne l'argent qu'il faut pour faire le voyage en voiture entre Opuwo et Windhoek, mais il est hors de question que je te conduise jusqu'à la capitale.

L'atmosphère était tendue. J'avais rompu leurs contrats. Ils ne faisaient plus rien et m'observaient faire leur travail à leur place, comme aller chercher les énormes bidons d'eau pour arroser le jardin. Nico finit par piquer une crise de nerfs dont le chef fut témoin. Il m'insultait et criait en courant dans tous les sens. Il menaçait de m'intenter un procès et refusait de monter dans ma voiture, sous prétexte qu'il ne pouvait être confiné dans le même espace que moi. Il voulait rester à Etanga.

Le chef, qui observait assis sous son arbre toute la scène, s'adressa à Nico d'un ton calme :

– Tu est venu ici et tu es resté chez nous pendant un temps. Cette femme propose de t'accompagner à Opuwo pour que tu puisses rentrer chez toi. Je te conseille de prendre tes paquets et de les mettre dans la voiture.

Nico se leva et obéit, sans mot dire. Leur relation avait toujours été tendue et distante. Mais, ce jour-là, il comprit qu'il valait mieux ne pas franchir la ligne jaune et que le chef ne plaisantait pas. Il était en train de lui dire avec ses mots qu'il n'était plus le bienvenu à Etanga. Je ramenai donc mes trois assistants à Opuwo.

Cet événement déclencha une affaire qui faillit même remettre en cause ma présence à Etanga. Car Nico, avec son esprit de syndicaliste, ne s'était pas avoué battu. De retour dans la capitale, il était allé raconter sa version de l'histoire à tout le monde, si bien que je fus convoquée à Windhoek pour une réunion. Il y avait autour de la table tous mes assistants, même ceux comme Ben-Moore qui ne travaillaient plus pour moi depuis longtemps et de leur propre choix. Mais une fois que les protecteurs de mes pauvres assistants entendirent ma version des faits, ils comprirent que j'avais donné des congés favorables à ces jeunes gens qui avaient tous, d'une manière ou un autre, rompu leurs contrats de travail. Nous n'avons par la suite plus trop entendu parler de cette histoire. Pour moi c'était une victoire. Je gagnais notamment contre ceux, à Windhoek, qui voulaient que je m'en aille et qui œuvraient pour cela sans réellement connaître mon travail ni mes rapports avec mes assistants.

Il ne me restait plus que Tjomi pour m'assister. J'ai donc recruté tout d'abord Kapi, qui avait déjà collaboré avec des anthropologues. Il travaillait bien. Son niveau d'anglais était bon et ses traductions étaient d'assez bonne qualité. Mais il avait l'esprit un peu fonctionnaire et refusait de travailler en dehors des horaires de bureau. Kapi était le responsable de la bibliothèque. Il gérait aussi les autres assistants. À ce moment-là, ils étaient trois, Tjomi, Kapi et Musisi. J'aurais voulu qu'ils soient un peu plus indépendants dans la gestion de leurs tâches, leur emploi du temps. Je m'attendais à ce qu'ils prennent des initiatives, mais ils ne voulaient pas. Il fallait que ce soit moi qui leur dise ce qu'ils devaient faire et qui organise tous leurs faits et gestes. La nuit, ils prenaient une certaine liberté et allaient souvent faire la fête ou chercher des filles. Je souhaitais que l'un d'eux reste toujours au campement, pour m'aider en cas de difficulté. Les pépins c'étaient les intempéries. Lorsqu'il pleuvait, il fallait maintenir les toiles des tentes alourdies par le poids de l'eau, notamment dans la partie où se trouvaient mes ordinateurs et mes archives, il ne fallait surtout pas qu'ils soient mouillés. J'avais donc demandé à mes assistants de s'organiser pour qu'un d'entre eux soit toujours présent la nuit, car toute seule, je ne pouvais pas affronter les éléments naturels. Mais ils n'arrivaient pas à gérer cela. Ils se disputaient et me demandaient de faire moi-même une sorte de programme. Je refusai, considérant qu'ils étaient assez grands pour gérer cela eux-mêmes. Je ne m'assurais pas toujours que l'un d'eux soit bien resté même si je me disais, que certaines nuits, ils devaient être tous partis.

Une nuit, pendant la saison des pluies, une effroyable tempête s'abattit sur Etanga. Je sortis en catastrophe pour protéger mon matériel, maintenir les poteaux, installer des bâches spéciales. Personne ne vint m'aider. De plus, je trouvais les fenêtres des tentes ouvertes et mes enregistrements et négatifs sur le point d'être inondés. Je les appelai au secours. Ils mirent longtemps à venir, l'un après l'autre, complètement endormis. Ce n'était pas la première fois qu'ils me laissaient seule me débrouiller dans pareilles circonstances. J'étais hors de moi.

Le lendemain matin, ils se cachaient, ils n'osaient me regarder en face. Je n'arrivais pas à leur parler. Je les croisais mais ne les regardais pas, je leur dis à peine bonjour. Je travaillai seules, vaquais à mes occupations sans avoir recours à mes assistants. Mon attitude était pour eux la plus grande des humiliations, car dans leur société, le contrat humain et social est la chose la plus importante. Ils me poursuivaient.

– S'il te plaît, docteur, dis quelque chose, parlons-en, me suppliaient-ils.

Je ne parlais pas. Ils essayaient de m'aider, mais je faisais comme si de rien n'était. La seule chose que j'attendais de leur part, c'était des excuses. Mais eux voulaient discuter, faire une sorte de réunion syndicale. Ils n'avaient pas respecté une règle de base, celle qui préservait le matériel collecté, la raison même de notre présence à Etanga. Pour moi, tout était dit. Ils étaient désarmés. Au bout de deux jours, tous ont dit qu'ils voulaient partir. Je leur ai dit que j'étais en accord avec leur décision. Ils devaient me signer une lettre de démission et je leur dis que j'allais leur donner trois mois de salaire. Je n'étais en rien obligée de le faire, étant donné qu'ils avaient tous choisi de rompre leur contrat de travail sans préavis, mais cela me faisait de la peine de les voir partir les mains dans les poches. Ils quittèrent le camp pour aller d'abord voir les gens du village qui ne m'aimaient pas, ceux qui me reprochaient de vivre avec ce chef qu'ils contestaient. Le soir même, une délégation d'une vingtaine de personnes se retrouva devant la maison du chef. On me convoqua. Le chef ne disait rien. Il ne me protégeait pas, ni ne me défendait.

– Qui bénéficie de ton projet ? me lançaient les autres. Qui évalue ce que tu fais ?

– Je vous ai invités à de nombreuses reprises à venir assister à la présentation de mon travail ici, et vous n'êtes jamais venus. Vous pouvez toujours venir voir ce que nous faisons ici, je vous projetterai des images et je vous montrerai des photos pour vous puissiez juger par vous-mêmes, leur répondis-je.

– Que fais-tu pour la communauté ? Que fais-tu pour nous ? Pourquoi est-ce que tu vires des gens ? Tu ne sais pas travailler avec eux.

– Ces gens travaillent avec moi, s'ils ne respectent pas leur contrat de travail, ma recherche ne peut pas avancer et je n'ai plus qu'à rentrer en France. C'est pour cela que je suis obligée de m'en séparer lorsqu'ils ne respectent pas les règles. Ils sont payés. Si ça ne marche pas, c'est moi qui partirai. Ce sont d'ailleurs eux qui ont choisi de partir.

Cela faisait trois ans que j'étais là, j'avais installé un laboratoire avec du matériel de montage pour mes films, de transcription et de communication vers l'extérieur. Ce dispositif, je venais tout juste d'achever sa mise en place complète et j'étais prête à l'utiliser pleinement, à vraiment commencer à travailler. Et, du jour au lendemain, les choses ont basculé. Sans le dire explicitement, certains des jeunes gens me poussaient à partir. Ceux qui le faisaient avec le plus de force étaient des jeunes gens qui n'avaient jamais réussi à me manipuler. Le plus dur pour moi, c'était que le chef ne m'aidait pas. Je n'avais pas l'intention de partir. Mais je restai seule. La nuit, je faisais moi-même des rondes pour m'assurer que personne ne venait me voler. Je ne dormais pas. Pour tenir, je faisais des siestes dehors sous la véranda, dans la journée. Nous étions un peu avant Noël. Un chercheur, Cristofer, qui m'avait précédée à Etanga, était de passage. Il resta avec moi au campement pendant quelques jours. L'hostilité de ce groupe à mon égard grandissait. Un jour, Tjituere, le conseiller du chef, vint me voir. Il commença à me parler d'une ligne téléphonique fixe que j'avais demandée pour remplacer mon téléphone satellitaire dont le coût était exorbitant. J'avais effectué toutes les démarches nécessaires et j'avais obtenu toutes les autorisations. La société des télécommunications était même venue d'Opuwo livrer des poteaux pour relier le campement à la ligne qui venait jusqu'au store et à la clinique du village.

– Tu n'auras jamais le téléphone, commença-t-il. Tu as certes toutes les autorisations qu'il faut, mais tu n'auras jamais le téléphone fixe dans ta tente. La raison est très simple : tu t'es installée sur un site sacré et il est impossible de faire venir le téléphone sur un site sacré. Tu ne peux pas y planter des poteaux.

À ce moment-là, j'ai compris qu'il me fallait partir. Je n'ai rien dit. Je ne suis même pas allée voir le chef car je lui en voulais terriblement de ne pas m'avoir soutenue. Je n'avais pas réalisé, qu'en réalité, il lui était impossible de prendre parti pour moi contre eux, contre sa communauté. Pour la première fois depuis trois ans, j'étais complètement isolée. Je réalisais aussi que j'avais installé mon campement et son matériel sur un lieu qui était sacré. En conséquence, les habitants du village ne pouvaient plus en avoir un usage culturel. Je leur avais enlevé quelque chose d'important. Cela commençait à être gênant. D'autant que, après la mort de Tjomi, le chef et sa famille avaient dû quitter leur domaine. Cela aurait être naturel pour eux de revenir sur le site où j'avais installé mon campement. C'était l'ancien domaine du chef, avant que son père ne décède. Depuis, il s'était installé dans sa maison tout à côté.

Après quelques jours, je me retrouvai plus seule encore car Cristofer partit pour Opuwo retrouver des amis pour les fêtes. Plus personne ne venait me voir. C'était bientôt Noël. Kakaendona vint me demander si on allait fêter Noël chez moi comme d'habitude. Je touchais le fond, je n'avais envie de rien et je le lui fis comprendre. C'est alors qu'un simple coup de fil me fit chuter le moral encore plus bas. Mon petit ami d'alors m'annonçait qu'il ne viendrait pas passer Noël avec moi comme cela était prévu. Je suis allée sous l'arbre à palabres et j'ai regardé cette maison que j'avais construite, mon « palace ». Je me suis dit, en regardant ce paysage qui s'étendait à 360° autour de moi, que si je partais, c'était la fin de mon travail ici. En même temps, je ne pouvais plus rester dans de telles conditions. J'étais lâchée par tout le monde. Dans la foulée, j'appelai un copain, éditeur à Windhoek, Herman, et je lui demandai de m'envoyer un camion pour rapatrier tout mon matériel.

– Tu es folle. Tu ne peux pas t'en aller maintenant, ta recherche n'est pas terminée, commença-t-il à objecter.

– Je n'en peux plus. Je ne peux plus travailler ici, il y a un groupe de semeurs de trouble qui ont monté des gens du village contre moi. Je suis à bout. Il faut que je rentre. Tous mes assistants sont partis.

– Ok. Mais tu sais qu'à la veille de Noël personne ne travaille ici. Tout est fermé. Ça va être impossible de trouver quelqu'un. Tu peux leur proposer trois fois le prix, aucun chauffeur de camion ne bougera. Ils sont sur la plage et ils ne répondent même pas au téléphone.

J'avais besoin d'un gros camion. Un six tonnes, au moins. La seule chose que me dit Herman, à ce moment-là, fut : « Tiens bon ! Je te rappelle. »

Je me retrouvai donc effectivement à affronter les habitants du village. On me convoquait à des réunions qui duraient des heures et pendant lesquelles il ne se passait pas grand-chose. Je ne disais pas que je voulais partir. Je dus patienter pendant de longues journées, seule au campement. Ce qui m'attristait le plus, c'était l'attitude du chef. Il ne faisait rien pour me soutenir. Il était totalement passif alors que nous avions bâti pendant trois ans une relation d'une grande proximité. Il m'avait toujours soutenue dans les moments difficiles. Et dans cette situation nouvelle, il se rangeait du côté des autres. Je comprendrais plus tard qu'il ne pouvait pas faire autrement. Il ne pouvait pas se dresser contre les gens du village au risque d'entraîner un grave conflit. J'étais une étrangère, et il était inconcevable pour lui de me soutenir ouvertement devant les autres. En fait, vers la fin de cette période, il était venu me voir une fin de journée quand il n'y avait personne en vue. Il n'était pas resté mais m'avait simplement dit qu'il fallait que je sois forte maintenant, que je tienne le coup. Écœurée par son attitude que je ne comprenais pas, je lui avais juste répondu : « *Aïe, tate* », c'est-à-dire : « non, père ». Je ne sais pas s'il m'avait compris, mais il était parti aussitôt. J'avais compris qu'il ne voulait pas être vu au campement.

C'est dans ce contexte que se déroula une dernière réunion avec les gens du village. Je leur annonçai mon départ. Mon père, le chef, nous rejoignit. Il arriva ivre mort en titubant, les cheveux hirsutes, le regard devenu bleu, le visage défait. Il s'assit à la table, s'affala la tête sur les bras et s'endormit. À la fin de la discussion, il se releva, et, comme s'il avait suivi tous les débats, il déclara :

– Les portes de la maison sont ouvertes.

J'étais interloquée et je ne comprenais pas ce que cela voulait dire me concernant. Un interprète otjiherero, qui était présent, m'expliqua ce que ses paroles signifiaient en réalité.

– Il dit tout simplement que quelqu'un qui lui est cher s'en va. Que tout s'en va.

Le chef ne dit rien d'autre. J'étais bouleversée.

Deux jours plus tard, le camion était là avec quelques personnes venues pour m'aider à démonter mes tentes et déménager l'intégralité de mon matériel. Toute ma famille, mon père, sa femme, ses filles, était alignée et me regardait en silence. Ma décision avait été si brutale qu'ils n'avaient pas eu le temps de préparer des adieux. Ils ne manifestaient aucun sentiment car ils ne voulaient pas entrer en conflit avec les autres, ceux qui voulaient que je m'en aille. Je sentais dans leurs regards une immense résignation, une tristesse, un désir fou et réfréné de me dire de rester. Au moment de monter dans mon vieux bakkie, il n'y eut aucune effusion, des larmes furent retenues et il n'y eut même pas un effleurement des mains. Nous sommes partis vers trois heures de l'après-midi, le camion, mon bakkie et un troisième véhicule, laissant derrière moi une famille, des amis muets et des ennemis qui avaient gagné la partie.

Nous roulions très lentement à cause du camion chargé. La nuit arriva très vite, une nuit étrange de pleine lune. Entre Opuwo et Kamanjab, il y avait des centaines d'animaux sauvages sur la route, comme jamais je n'en avais vu, des girafes, des phacochères, des éléphants, des gazelles, des koudous. Ils étaient aveuglés par les phares qui les attiraient et se dirigeaient vers nos véhicules. La conduite était dangereuse car nous devions éteindre les lumières pour ne pas les attirer. À tout moment nous pouvions percuter l'un d'eux si nous ne faisions pas attention. J'étais épuisée, et mon cœur, explosé par l'émotion de la séparation, me faisait mal. Je m'endormais au volant. Mon ami voulait rentrer dans la nuit car il devait rouvrir son magasin le lendemain matin. Nous arrivâmes à Kamanjab vers trois heures du matin. La route devenait goudronnée. Il restait à atteindre Otjiwarongo, puis c'était tout droit jusqu'à Windhoek. C'est ainsi que se terminèrent mes trois premières années à Etanga.

# VI

Arrivée à Windhoek, il ne me fallut que quelques journées pour me séparer de mon matériel lourd en le rendant aux mécènes. Ensuite, je montai une base à Windhoek, désormais j'allais faire des allers-retours entre la capitale et Etanga. C'était en fait la meilleure décision que je pouvais prendre. Briser mon rêve de station de recherche en pleine brousse constituait un événement salutaire, car désormais j'allais vraiment pouvoir commencer à travailler. En abandonnant ma maison, je me libérais.

Je pris une petite maison à Windhoek. Quelque temps plus tard, des anciens du village firent le voyage jusque-là pour venir me parler.

– Nous nous excusons pour ce qui s'est passé. Nous te demandons de revenir. Nous n'étions pas au courant. Ce qui est arrivé est honteux, me dirent-ils très solennellement.

J'étais touchée. Je n'avais pas besoin de cela pour envisager de retourner à Etanga, mais leur visite m'encourageait encore plus. Toutefois, je ne m'installerais plus comme avant. Ma base était devenue Windhoek. Je m'organisais pour pouvoir effectuer des séjours de longueur variable à Etanga. Cela nécessitait une réduction importante de ma logistique. Je devais aussi faire en sorte que mon matériel soit prêt pour qu'à n'importe quel moment, je puisse décider de partir sans avoir à effectuer des préparatifs qui dureraient des jours entiers.

Étant donné que là-haut il n'y avait rien, il fallait tout prévoir. J'avais donc des listes qui comportaient absolument tout ce que je ne devais pas oublier. Le plus important c'était le matériel de prise de vue. Même s'il était plus léger que pendant les trois première années, je devais gérer les cassettes et une panoplie de batteries. La préparation de la voiture était un élément très important. Il fallait tout vérifier : la batterie de rechange, les niveaux, les pneus et la radio nécessaire pour alerter en cas de problème. Mais les pneus, c'était mon angoisse. À tel point que je surveillais toujours leur montage. Mon bakkie était monté sur des sortes de pneus baptisés « Mary Biscuit », car ils avaient une vague forme de petits biscuits étroits, ce qui minimisait les crevaisons lors de la conduite hors piste. Normalement, ces pneus n'ont pas de chambre à air, mais sur les conseils des gens du pays, je fis mettre des chambres à air. C'était un élément de sécurité supplémentaire en cas de crevaison, car on pouvait ne réparer que la chambre et continuer à rouler avec un pneu abîmé. Et ma hantise, c'était la crevaison. Donc, j'emportais entre quatre et six roues supplémentaires à chaque voyage.

Ma voiture devait être en permanence prête à partir. Mais, à la différence de mes débuts, j'emportais dans une caisse tout ce qu'il me fallait pour pouvoir faire les niveaux, réparer les freins ou changer une roue. Le kit médical n'était plus très fourni car, avec le temps, j'avais distribué pas mal de médicaments ou de pansements. Mais cela restait un élément important de mon package. Je gardais également un stock d'aliments que je pouvais emporter avec moi à Etanga à tout moment. C'était tout un petit rituel pour moi d'aller au supermarché, de longer les rangées l'une après l'autre et de prendre ce dont j'avais besoin au fur et à mesure. Mon plat préféré, c'était des nouilles chinoises avec des huîtres en conserve, le tout aspergé de parmesan et de ciboulette lyophilisée. Il fallait donc que j'achète ce genre de denrées qui se conservent parfaitement. Je prenais aussi des briques de jus de fruit ainsi que du café. J'achetais toujours de la vodka et du Red Bull que j'empaquetais soigneusement dans du papier journal et du polystyrène pour qu'ils restent frais. Quand tout était prêt, il fallait charger la voiture. C'était physiquement assez éprouvant si bien que, quelquefois, mon ami Herman m'envoyait des employés pour m'aider. C'était toujours un moment sympa. Ensuite je pouvais prendre la route.

Quelques mois après ma grande rupture, je repris le chemin vers le nord. J'allai directement voir mon père le chef et sa femme.

– Puis-je rester un peu chez vous ? Je m'installerai sur le côté de la maison, là-bas, avec ma petite tente.

J'avais indiqué un endroit discret, éloigné du lieu sacré que j'avais occupé pendant trois ans. Je ne voulais plus imposer quoi que ce soit. Ils ne dirent presque rien. Omukurukaze répéta mes paroles comme pour les approuver. Elle me demanda si j'aurais un traducteur. Je dis que non. Mon père me regarda, il me prit la main.

– C'est chez toi ici, me dit-il en m'indiquant un emplacement à côté de sa case.

Il n'y eut pas d'autres mots. Tout était dit.

Ma vie en Namibie fut ainsi complètement changée. Je faisais des allers-retours en permanence. Je passais quelque temps à Etanga, puis je repartais à Windhoek et ainsi de suite. Je savais qu'après cet événement, j'allais pouvoir commencer à travailler pour de vrai. Je n'avais plus de soucis d'intendance, comme le simple fait de prévoir à manger deux fois par jour pour mes assistants et moi-même, comme veiller à la gestion rigoureuse de mon campement digne d'une grande maison.

J'étais libre, je montais ma tente, je la démontais quand je voulais. Je pouvais partir avec ma voiture à n'importe quel moment pour aller rencontrer des gens, pour filmer. Mes moyens étaient légers, ce qui me rendait beaucoup plus mobile qu'avant. J'étais aussi plus disponible pour écouter, regarder, partager. Autant de choses que des anciens anthropologues qui avaient fait du terrain avant moi m'avaient dit depuis longtemps. J'ai fini par appliquer ce que Jean Rouch disait souvent : le terrain, ce sont des allers-retours. L'expérience des trois premières années restait un acquis indéniable qui m'avait donné une introduction dans cette société que je n'aurais jamais eue autrement. Ce changement était donc une progression logique en quelque sorte.

*Toute la ville d'Opuwo sait que je suis là, du moins ceux qui me connaissent. Il est souvent arrivé que mon père et sa femme soient en ville au moment où j'y faisais étape. En général, ils apprennent vite la nouvelle. Ils viennent alors à ma rencontre pour me saluer, souvent au Lodge où j'ai pris mes habitudes. Ils entrent sans se soucier des regards étonnés des employés et des clients, car l'enceinte du lodge est a priori réservée aux hôtes.*

*Pour nous saluer, nous utilisons toujours le même rituel. Nous nous serrons d'abord les mains puis nous nous embrassons joue contre joue. Omukurukaze adore cette manière et elle me tend sa joue, alors je m'y reprends à quatre fois. Ce jour-là, la salle à manger est remplie de touristes. Je prends des chaises en bois et je les invite à s'asseoir. Les employés dissimulent discrètement leur plaisir à participer à cette transgression. Les gestionnaires sont embêtés par la situation. Ils ne savent pas comment la gérer devant les clients. Ces derniers sont ici, pour la grande majorité, afin d'aller en excursion voir des Ovahimba dans leurs villages, et voilà que ces derniers sont dans le même hôtel et s'assoient à côté d'eux ! C'est un peu comme si l'objet de leur voyage faisait irruption dans leur monde avant l'heure.*

*– S'il vous plaît, puis-je avoir des tasses pour le chef et sa femme ?*

*Pour mon amie Lente, il n'y a rien de plus naturel. Pour les employés, c'est un peu une revanche. Ils sont fiers de servir les leurs comme les touristes. Je suis prévenante avec mes deux invités. Je leur fais des tartines de beurre que je leur tends comme si de rien n'était alors que je sais que tout le monde nous observe en coin. Nous sommes assis tout près de la piscine qui est bâchée. De l'autre côté du bassin trône une petite statue blanche de femme occidentale aux seins nus. Omukurukaze l'observe un moment et semble intriguée. Elle y voit une femme blanche qui est nue. Elle se lève, poussée par la curiosité, et entreprend de traverser la piscine, n'ayant pas compris que sous la bâche il y a de l'eau. Elle fait un pas, glisse et sent que le sol se dérobe sous son pied. Elle se rattrape comme elle peut, reprend en quelques secondes sa dignité et revient s'asseoir. Je réprime une énorme envie de rire. Mon père me regarde d'un air sévère qui m'intime l'ordre de ne pas rire et, en même temps, je sens que lui aussi a envie de rire. C'est alors qu'Omurukaze se lève à nouveau. Elle déambule entre les touristes attablés qui n'ont pas ri non plus, contourne la piscine et s'approche de la statue. Elle la regarde de près et assène un verdict définitif :*

*– Ah ! Elle n'est pas vivante !*

*Elle revient s'asseoir et nous achevons de manger. Les employés qui ont suivi toute la scène sont médusés, mais ils restent d'une grande dignité et nous servent comme tout le monde. En quelques minutes, un condensé des rapports humains qui sont encore la caractéristique de toute l'Afrique australe. D'un côté les Occidentaux qui possèdent, qui sont souvent racistes et qui ne fréquentent les Noirs que dans un rapport de dominants-dominés. De l'autre, la fierté à l'état pur. Car, bien que ce Lodge soit a priori désormais ouvert à tout le monde, la gestion, comme ailleurs, est faite de manière à ce que ces endroits restent réservés à la clientèle. Opuwo n'est qu'une étape. Je dois repartir.*

L'hostilité d'un petit groupe des habitants d'Etanga à mon égard n'était pas de nature à m'empêcher de travailler.

Je m'en accommodais fort bien, mais en même temps j'avais toujours en tête leurs principaux reproches qui étaient que je ne faisais rien pour eux. Tjituere, le principal conseiller du chef, qui habitait la maison d'à côté, me demandait par exemple souvent de lui construire une maison.

– Mais tu as une maison, lui disais-je.

– Oui, mais je veux une maison comme les Blancs, en briques et en dur.

– Je suis là pour un projet de recherche. J'ai un peu d'argent pour ça, mais pas pour te construire une maison.

Il ne s'avouait jamais vaincu et revenait toujours à la charge. Je subissais aussi une certaine pression d'autres personnes, à Windhoek ou en France, qui épousaient cette idée que tout projet anthropologique doit être associé à des actions de développement. Je ne partageais pas entièrement cet avis. Premièrement, le fait d'étudier et de documenter l'héritage culturel de n'importe quel peuple du monde constitue en soi une contribution considérable à la connaissance humaine. Deuxièmement, mener un projet de recherche et de développement sont deux choses différentes. Ils peuvent dans certains cas être complémentaires, la recherche pouvant constituer une source d'informations pour mener des actions de développement.

Au cours de mes années passées à Etanga j'avais souvent participé à des actions, comme pour le camping, ou bien pour trouver des solutions pour l'approvisionnement d'eau, mais j'hésitais à trop m'engager dans ce sens. Durant la deuxième période à Etanga, j'avais aussi un peu peur que mon travail anthropologique soit submergé par ce genre de questions et que l'on continue de me mettre sous pression au village si je ne contribuais pas à mettre en place quelque chose pour la communauté. J'en parlais beaucoup avec l'instituteur d'Etanga, qui venait d'ailleurs et qui avait une attitude plus neutre que les autres. Je lui dis que, s'il arrivait à rassembler les besoins des habitants, je les aiderais à les formaliser sur le papier. Rapidement, l'idée d'un centre de ressources communautaire s'imposa. Il s'agissait de faire construire un bâtiment qui contiendrait du matériel informatique, une bibliothèque, des salles de réunion, des bureaux, des télécommunications. Il permettrait aux habitants d'apprendre, d'avoir accès à un certain savoir, de réaliser des travaux comme le travail du cuir et de communiquer avec l'extérieur grâce à l'Internet. Comme Etanga disposait de moyens de communication limités, je les ai ensuite également aidés pour la recherche des fonds nécessaires à la construction du bâtiment et à trouver des ordinateurs et autres matériels. C'était une tâche considérable qui me prit beaucoup de temps. J'étais connue pour mes recherches, pas pour des actions de développement. Toutefois, lorsque j'eus expliqué le projet, qui était communautaire, mes différents interlocuteurs m'écoutèrent. C'est ainsi qu'une société de pêche commença à s'intéresser au projet. Des sociétés de pêche namibiennes ou mixtes avaient l'obligation de contribuer au développement local. De cette manière, elles assurent en partie leur droit de quotas d'exploitation des ressources halieutiques auprès du gouvernement.

Un jour, j'ai donc pris ma voiture pour rencontrer le patron de cette grosse société de pêche basée à Walvis Bay, le plus grand port de la Namibie, longtemps resté sous contrôle sud-africain même après l'indépendance. Depuis Windhoek, il y avait quatre heures de route. Lorsque je suis arrivée, j'ai demandé à le rencontrer. J'avais prévenu que je viendrais mais pas à quelle heure. Sa secrétaire, un peu paniquée, me demanda qui j'étais et ce je voulais. Elle alla prévenir son patron.

–Vous ne pouvez être que Rina Sherman, me lança-t-il en apparaissant sur le seuil de son bureau.

– En effet.

– Combien voulez-vous ?

– Un million.

– Ok. Vous croyez que cela suffira ?

– Oui, ce sera serré, mais je pense qu'on pourra mener le projet avec cette somme. Si jamais ce n'est pas assez, je pourrai trouver de quoi compléter.

Cet apport de la société de pêche débloqua les réticences des autres bailleurs plus institutionnels, et je réussis finalement à trouver l'argent nécessaire pour construire le bâtiment du Centre de ressources. Plusieurs institutions nous donnèrent également du matériel, notamment informatique.

Le projet pouvait donc démarrer. J'avais trouvé un architecte pour les plans du bâtiment et le suivi des travaux. Il s'agissait d'un architecte connu qui venait de Windhoek. Le projet l'intéressait et, bien avant de disposer des financements, j'avais beaucoup discuté avec lui. Il m'avait dit néanmoins qu'il ne s'engagerait que lorsque j'aurais trouvé l'argent. Ce fut donc tout naturellement que je retournai le voir une fois mon budget réuni. Je lui demandai alors s'il pouvait nous faire un prix car nous n'avions pas non plus une très grosse somme dans les mains et il était important de gérer au plus serré. À peine avais-je fini d'exposer ma demande qu'il devint tout rouge et me dit :

– Quoi ! J'ai déjà donné des heures de discussion pour ce projet. Je suis un architecte très connu, mes frais sont mes frais...

– Oui, mais c'est un projet de développement, tu savais depuis le début que l'aspect financement était une contrainte.

Il ne voulait rien savoir. J'avais par ailleurs la pression du directeur de la société de pêche pour qui il était hors de question de financer les 15% du montant des travaux que réclamait l'architecte. Pour lui, il fallait que ce dernier fasse son travail soit gratuitement soit à un prix réduit. C'était une question presque morale. Il participait à un projet social pour les Ovahimba. Il vivait dans un palais sur les hauteurs de Windhoek. Il pouvait bien donner un peu de son temps pour ce projet. L'architecte refusait obstinément de baisser ses honoraires. Si bien que nous dûmes le payer au prix fort.

À Etanga, l'infirmier qui coordonnait le petit groupe qui s'était constitué autour du projet ne me croyait pas lorsque je lui disais que l'argent ne passait pas par mes comptes, ou bien que les fournisseurs étaient directement payés par les bailleurs de fonds. Il ne voyait pas la couleur de l'argent et cela l'inquiétait. Il faisait même courir des rumeurs m'accusant de détourner l'argent à mon profit. Malgré ces rapports parfois tendus de part et d'autre, les choses avançaient lentement non sans des moments de grandes difficultés, comme des pénuries d'eau qui retardaient les travaux ou les absences répétées des jeunes d'Etanga qui devaient travailler comme volontaires dans la construction du projet.

Le développement et la coordination de ce projet m'a demandé une énergie considérable. Il me fallut batailler pendant trois ans. Beaucoup de monde à Windhoek fut impliqué, depuis le gouvernement jusqu'aux ambassades allemande et française. L'union européenne également, qui consentit à participer au projet à la condition que leur participation soit utilisée pour construire une partie du bâtiment bien distincte du reste. Cette subvention nous fut ensuite retirée au dernier moment car, plusieurs mois après son feu vert, l'un des officiers de l'Union européenne décida un jour que notre projet n'était plus qualifié pour ce fonds car, en fait, il fallait construire un bâtiment vraiment séparé, ce que nous n'avions pas fait. Après de longues discussions avec ses supérieurs, j'ai obtenu que cette subvention reste allouée à Etanga, et, quelques mois après la construction du Centre, l'Union européenne finança la construction de deux nouvelles salles dans l'école d'Etanga.

L'une des étapes la plus difficile à gérer fut la construction du bâtiment proprement dite. Nous fîmes un appel d'offres pour trouver un constructeur. Un seul répondit dans les règles. Il s'agissait d'un homme qui avait une entreprise familiale avec son père et qui travaillait déjà dans la région d'Opuwo dans des conditions difficiles. Le père allait s'occuper de la surveillance de la construction. C'était un type rustre, assez corpulent et porté sur la bouteille. Il se baladait toujours habillé d'un short et circulait au volant de sa Land-Rover. Avec son fils, ils étaient passionnés de tir à l'arc et ne vivaient que pour cela. Ils avaient un grand mépris pour les Noirs et donc pour les Ovahimba. Le père racontait que lorsqu'il roulait au pays ovahimba ou sur d'autres terres dites communales où il n'y avait pas de clôtures, il ne freinait jamais pour un bœuf ou un autre animal qui s'aventurait sur la route, mais fonçait avec son 4x4 pour le tuer. Il préférait éventuellement indemniser le propriétaire, si toutefois il était identifié. Il ne comprenait pas que je vive avec les Ovahimba. Un jour, il me demanda :

– Ça fait combien de temps que tu es ici ?
– Six ans environ.
– Et tu vas rester encore combien de temps ?
– Le plus longtemps possible…
– Quoi ! Comment une jolie femme blanche comme toi peut-elle vivre avec ces trous-du-cul, éructa-t-il devant tout le monde, dont certains Ovahimba qui avaient été dans l'armée et qui comprenaient parfaitement ce qu'il disait en afrikaans.
– S'il te plaît, pas de remarque raciste. C'est un des critères de ce projet, lui répondis-je fermement.

Il grommela et changea de sujet de conversation. Nos rapports étaient ainsi. J'étais assez froide, mais toujours cordiale, et le chantier pouvait avancer. La principale cause du retard fut l'eau. Les travaux commencèrent pendant une période de sécheresse. Or la pompe qui alimentait le village n'avait pas assez de débit pour le chantier et pour la petite communauté de gens qui vivaient dans le village, l'école, la clinique et le poste de police, qui étaient tous raccordés à l'unique point d'eau. Les gens du village détournaient l'eau qui devait remplir la citerne du site de construction, si bien que les ouvriers ne pouvaient pas travailler. Pourtant, le marché conclu avec le village comportait la fourniture de l'eau. Mais la nappe phréatique était très basse. Je dus batailler pour que l'entrepreneur veuille bien apporter de l'eau dans une citerne depuis chez lui.

Cette histoire d'eau fit retarder encore d'au moins un an et demi l'achèvement des travaux. Il fallait que je gère les réclamations de l'architecte et de l'entrepreneur qui m'accusaient de ne pas gérer la contribution des habitants. Dans le contrat, il était explicitement stipulé que ces derniers devaient en effet donner de leur temps pour le chantier, notamment assurer l'approvisionnement en eau. Comme il n'y avait pas assez d'eau, ils ne travaillaient pas. Je devais donc me battre en permanence avec les uns et les autres.

Malgré l'implication de tous, le projet de centre de ressources prit donc beaucoup de retard. À tel point qu'à la fin, alors que j'avais terminé mon travail de recherche, je restai en Namibie uniquement à cause de cela. Il manquait de l'argent pour poursuivre. Comme je devais rentrer en France, je demandai le concours d'un organisme catholique français pour mettre à notre disposition une volontaire qui nous aiderait dans la mise en place du centre. Lorsque la volontaire arriva, une jeune femme de vingt-quatre ans, le centre n'était pas achevé. Elle fut aussitôt mise dans le bain africain. À Opuwo et Etanga, elle affronta toutes sortes de difficultés bien que je l'aie recommandée auprès de mes amis. Entre-temps, je fus obligée de rentrer en France et je gérais désormais l'affaire depuis Paris. J'appelais régulièrement la volontaire à qui j'avais confié un téléphone mobile, afin de suivre son évolution. Elle devait mettre en place le centre, former des gens pour qu'ils puissent devenir autonomes. Mais des conflits avec les habitants du village éclataient constamment. Elle reçut plusieurs menaces. Je lui disais de tenir bon mais, un jour, elle me téléphona très inquiète :

– Hier soir, on m'a dit que, dans la nuit, il va y avoir des cannes qui vont arriver.

Ces cannes sont des casse-tête, des bâtons au bout arrondi avec lesquels on frappe les gens à la tête. C'était clairement une menace physique à son égard. Je lui dis alors de rentrer. Je prévins tous les partenaires du projet ainsi que l'ambassade de France que je la retirais du site car je ne pouvais pas assurer sa sécurité depuis Paris dans de telles conditions. L'ambassadeur de France voulait que je me déplace. Les Ovahimba d'Etanga étaient venus dans son bureau.

– On veut notre mère. Celle qu'elle nous a laissée ne nous comprend pas. C'est une gamine. Elle ne sait rien. Ce n'est pas notre mère, avaient-ils expliqué. Rina nous aimait. Même si elle se bagarrait avec nous, elle mangeait avec nous, elle dormait avec nous, elle nous aimait…

Au début, j'avais dit que j'acceptais de revenir, mais à condition d'être payée. De plus, je savais que si je partais pour m'occuper de la mise en route de ce centre, cela pouvait durer trois ans, alors que mon travail était désormais à Paris. Sans solution, le projet de mise en place du centre s'est arrêté. Elle était essentielle pour l'avenir du projet global.

Il était important que ce projet trouve son envol et son fonctionnement sans mon intervention. Finalement, le centre complètement fini et équipé attend toujours sa mise en place définitive. L'infirmier Tjituere et le reste du petit groupe autour de lui n'ont pas réussi à prendre la relève. Quoi qu'il en soit, cette expérience est une étude de cas exemplaire de ce que deviennent souvent les projets de développement en Afrique. Aux dernières nouvelles un ami à Opuwo m'a dit que certains des membres de ce petit groupe avouent avoir fait une erreur en voulant prendre le pouvoir avant même d'avoir appris les règles de gestion. Aujourd'hui, je me dis que c'est toujours ça de gagné et que cette prise de conscience est un pas important pour l'avenir de ce projet.

# VII

Ma vie parmi les Ovahimba a été jalonnée de rencontres avec de forts personnages, extérieurs à la communauté d'Etanga. J'ai relaté ma visite chez Chris Eyre, au cœur du parc national d'Etosha. Il fait partie de ceux que j'appelle « les vétérans ». Des hommes d'expérience qui ont connu la Namibie d'avant l'indépendance et qui connaissent leur pays et les Ovahimba sur le bout des doigts, chacun d'une manière différente.

Le premier que j'ai rencontré, avant même de m'installer à Etanga, s'appelle Eberhard Von Koenen, un médecin et homéopathe qui a notamment filmé les Ovahimba pendant trente ans quand la région était interdite aux visiteurs, excepté aux administrateurs et à quelques autres sur autorisation spéciale. Il a aussi publié un livre sur l'usage des plantes de la Namibie[8], et notamment de la région des Ovahimba. Il vit

---

8. Eberhard Von Koenen, *Medicinal, Poisonous and Edible Plants*, Klaus Hess Verlag, Göttingen, Allemagne, 2001.

dans une ferme dans le Hochland, une région à deux trois heures de route de Windhoek. Lors de notre rencontre, je me suis retrouvée devant un vieux monsieur de quatre-vingt-quatre ans, très grand, au regard bleu acier transperçant.

J'étais en retard de quelques minutes à notre rendez-vous, car j'y étais allée seule en voiture sur des routes non goudronnées que je ne connaissais pas. Il m'avait donné rendez-vous dans un lodge. Assis très droit, son chapeau vissé sur la tête, sous un auvent au bord d'un lac artificiel auquel venaient s'abreuver des animaux sauvages, il me fit remarquer que j'étais en retard. Nous avons parlé pendant quatre heures. Sans me donner de noms ni de lieux précis, il m'a raconté son expérience avec les Ovahimba et livré quelques éléments de ce qu'il en savait. Il me parla aussi beaucoup de sa théorie homéopathique, qui consistait à soigner le mal par le mal, ce qui permettait d'utiliser les plantes toxiques pour des soins. Je l'écoutai, impressionnée par ce vieil homme rempli d'expérience. Il me demanda pourquoi je voulais aller voir les Ovahimba. Je lui expliquai mon projet. À la fin de notre entretien, il me regarda de ses yeux transparents et me dit :

– Tu seras soignée chez les Ovahimba.

Je ne savais pas trop comment interpréter ces paroles, car je ne me sentais a priori pas en besoin d'être soignée. Mais c'était à la fois un défi, une prédiction et une condamnation. Je ne saurais pas dire pourquoi, mais cette rencontre fut très importante pour moi. La phrase de Von Koenen m'a par la suite accompagnée pendant les moments difficiles de ces sept années à Etanga. Je me demandais alors si l'expérience que j'étais en train de vivre faisait partie de la cure qu'il m'avait prédite au contact des Ovahimba.

Le vétéran que j'ai ensuite rencontré s'appelait Van Zyl. Il fut l'un des derniers commissaires d'Opuwo du temps de l'administration sud-africaine. Il y est resté vingt ans. Quand il arriva, il n'avait pas de maison. Il lui fallut la construire complètement, dans un style colonial, avec colonnes, vérandas, palmiers et terrain de tennis. À la retraite, il habitait une ferme près de la ville de Khoxiras, au nord-ouest de Windhoek. J'étais allée le voir là-haut, empruntant des pistes et des chemins perdus dans la brousse. Je ne m'attendais pas vraiment à ce que j'allais découvrir. L'habitation était une compilation de divers ajouts, peu entretenue, avec des dépendances délabrées. Lorsque j'approchai, deux enfants, un homme et une femme étaient près des bâtiments. Au lieu de venir vers moi, ils disparurent prestement dans les dépendances. L'atmosphère était étrange. Je fus accueillis par la fille de Van Zyl, qui vivait avec lui. Elle et son père étaient un peu distants à mon égard. J'essayai de les mettre à l'aise, mais ça ne marcha pas vraiment. Il me fit tout de même entrer et me proposa un verre de Coca.

Nous discutions autour de cette table couverte d'une nappe en plastique fleurie avec deux verres de Coca. Il me proposa de dîner avec lui. Sa fille apporta un repas dans de vieilles assiettes aux bords relevés dans lesquelles il y avait des morceaux de viande accompagnés de riz. Van Zyl était l'opposé de Von Koenen. Un Afrikaner issu d'un milieu modeste qui avait gravi les échelons de l'administration jusqu'à occuper ce poste à Opuwo. Je connaissais mieux sa vie que lui la mienne, car un de mes oncles l'avait connu, de nombreuses années auparavant, lorsqu'il était secrétaire d'État aux Affaires bantoues pour le gouvernement sud-africain. Il me raconta ses années au pays des Ovahimba. Il allait notamment camper sur le terrain pour constituer un réseau administratif dans les villages. Il recrutait en quelque sorte des représentants de l'État. En contrepartie d'une rémunération, ces derniers devaient assurer la paix, garantir l'absence de débordements, contrôler que le pâturage du bétail se déroule sans heurts. C'était ainsi que, petit à petit, les administrateurs coloniaux imposaient leur système pyramidal d'organisation aux peuples autochtones. Van Zyl se déplaçait avec des laquais qui le servaient en pleine brousse. Ils ciraient ses chaussures, lui tenaient son miroir et son écuelle d'eau chaude lorsqu'il se rasait.

– Il était très important, me dit-il, de montrer l'exemple aux indigènes. Je devais être impeccable à tout moment. Je représentais l'État, la civilisation.

Il m'expliqua comment il avait implanté les structures administratives d'Opuwo. Puis il me parla de son fils, devenu chercheur de la NASA aux États-Unis, dont il était visiblement fier. Je ne l'ai jamais revu. Ce qu'il m'apprit était intéressant pour ma culture sur le passé de cette région de la Namibie. Car les événements qui s'étaient déroulés pendant l'administration sud-africaine pouvaient éclairer des situations et des comportements actuels.

Le troisième vétéran que je rencontrai avant de me rendre à Etanga était Johan Steyn, un ancien officier de l'armée sud-africaine, chef de Koevoet, une unité spéciale de lutte contre l'infiltration des soldats de la SWAPO. Longtemps en poste à Opuwo et dans le maquis avant l'indépendance qui fut proclamée en 1990, il avait vécu des moments très difficiles, luttant notamment contre les exactions parfois sanglantes des indépendantistes de la Swapo. Les membres armés de la Swapo étaient notamment retranchés en Angola, donc proches du Kaokoland et d'Opuwo. La région était particulièrement tendue pour les militaires qui devaient lutter contre des infiltrations par-delà les montagnes qui séparent les deux pays.

À la suite des accords entre l'Afrique du Sud et la nouvelle Namibie indépendante, les militaires pouvaient quitter l'armée en recevant une compensation financière importante. Johan Steyn en avait profité pour se construire une magnifique villa à Windhoek, mais après toutes ses années passées dans la brousse, il ne s'adapta pas vraiment aux mondanités de la ville. Les citadins le considéraient comme un rustre qui, de plus, pouvait avoir les mains sales. Il ne s'intégra pas.

C'est aussi le cas d'un autre ancien de l'armée sud-africaine, Koos Verwey. Il repartit vivre aux confins nord de la Namibie et de l'Angola, au bord du fleuve Kunene. Il s'installa à Otjinungwa, dans un des lieux les plus magnifiques de la région. À cet endroit, le fleuve débouche entre des falaises dans un paysage grandiose. Les animaux sauvages y sont très nombreux. Le Kunene y est rempli de crocodiles. Il exploitait là un lodge spécialement aménagé pour accueillir les touristes. Il avait clos son domaine de barbelés et aménagé des lieux pour observer les animaux. De là, on pouvait voir aussi l'autre côté du fleuve, une région du sud de l'Angola, avec de nombreux jardins cultivés par les Ovagambwe. Pour arriver chez Koos Verwey, il fallait passer par Etanga puis emprunter une route de montagne, franchir le col Van Zyl. C'est une route dangereuse qu'il vaut mieux ne pas emprunter seul, que l'on ne peut que descendre, personne ne monte. On arrive ensuite dans la Marienfluss, une vaste vallée couverte d'herbe jaune d'or, qui débouche sur le Kunene à l'endroit du Lodge.

Le jour de notre arrivée chez lui, nous avions rendez-vous après sa sieste. Tous les jours, il se reposait en début d'après-midi. Il nous avait donc demandé de venir le voir à son réveil. Près de sa maison, il dormait sur sa pelouse. Une belle étendue verte, à l'intérieur d'un enclos, qu'il entretenait scrupuleusement en l'arrosant grâce à une pompe à eau qu'il avait installée au bord de la rivière. Nous étions arrivés un peu en avance et nous nous étions garés un peu à distance, afin de ne pas le réveiller ni le déranger. En attendant, nous allâmes faire quelques pas au bord de la rivière. Au bout d'une vingtaine de minutes, nous nous sommes approchés. Il se leva lentement et nous demanda de faire le tour de l'enclos pour venir le voir. Il fallait respecter les habitudes de cet ancien haut gradé de l'armée.

Koos Verwey était un grand homme barbu, toujours la pipe à la bouche. Il parlait lentement. J'étais venue accompagnée de Tjomi. À peine arrivés, Koos regarda Tjomi et dit calmement :

– Toi tu peux aller vivre là-bas avec Petrus.

Petrus était le serviteur noir de Koos. J'étais gênée. Il n'invita même pas Tjomi à manger avec nous. Le deuxième jour, ce dernier me dit :

– On s'en va, Rina.

– Non, j'ai encore des choses à faire. Koos ne m'a pas tout raconté, lui répondis-je. Nous nous en irons demain.

L'atmosphère était tendue. J'avais des conversations avec Koos et non loin de nous se déroulaient des activités douteuses. Des hommes, des maîtres d'école, distillaient de l'alcool de manière illégale sans se cacher, à côté d'une école mobile, ce qui était un sujet de conflit entre l'instituteur et Koos. L'exemple donné aux enfants n'était évidemment pas le meilleur qui soit. Tjomi était allé les voir.

– Ce sont des Ovatjimba[9], pas des Ovahimba, me dit-il, arborant une moue de mépris.

Il est vrai qu'il existe dans cette région un certain snobisme de la part des Ovahimba qui considèrent les Ovatjimba comme inférieurs car il sont des pauvres à leurs yeux.

Le dernier soir, j'ai imposé Tjomi au dîner, mais ensuite, il n'eut pas le droit d'aller dormir dans un vrai lit alors qu'il y en avait des dizaines de libres. Il a été obligé, comme durant

9. L'appellation Ovatjimba indique soit des gens d'origine pré-bantoue soit des Ovatwa, anciens forgerons et chasseurs, qui ont adopté la culture des Ovahimba par acculturation, mais que les Ovahimba considèrent comme n'étant pas de leur culture. Il y a également les Ovatjimba-tjimba, des gens pauvres sans troupeau.

les autres nuits, de dormir par terre, dans la case de Petrus, avec une couverture sur le dos.

J'aurais aimé aborder cette situation avec Koos, mais je savais qu'il couperait court à ma visite si je le faisais et je voulais qu'il me parle de son expérience pendant la guerre. Mais il se contenta de me raconter comment il avait réussi à s'installer à cet endroit. Il avait négocié sa présence avec la communauté ovahimba locale. Plusieurs fois, il avait dû affronter des hommes venus avec des cannes menaçantes. À chaque fois, il s'en était tiré. Il avait conclu un pacte avec eux. Il imposait à tous les touristes qui souhaitaient se rendre dans les villages et dans les familles, de passer par lui et de le payer avant. Il mettait cet argent sur un compte créé spécialement pour la communauté.

Il voulait maîtriser la destination finale de cet argent en décidant avec les Ovahimba comment l'utiliser pour développer la communauté. Ces derniers avaient l'intention d'acheter une voiture qui leur servirait pour se déplacer plus aisément, pour amener leurs malades à la clinique d'Etanga ou à Opuwo s'il le fallait. Koos ne voulait pas de cette voiture car il savait qu'elle ne serait pas entretenue et que c'est lui qui devrait ensuite la prendre en charge en cas de panne. Cette voiture deviendrait donc son problème à lui. Ses projets à lui, c'était la construction d'une école ou d'une clinique. Lors de mon séjour chez lui, il refusa systématiquement de m'emmener ou de me laisser rencontrer des familles ovahimba. Comme j'étais avec Tjomi, il avait sans doute peur que je parle avec des membres de la communauté et qu'ils me fassent part de leurs griefs. Il m'interdit d'ailleurs de photographier ailleurs qu'autour de sa maison. Je ne vis donc personne d'autre que lui-même, Petrus, ainsi que deux ou trois personnes qui travaillaient avec lui et quelques femmes qui apportaient des petits paniers qu'elles avaient fabriqués. Elles les vendaient à Koos. C'était lui qui leur avait appris à les confectionner. Il les revendait au Kraft Center, basé à Windhoek, une sorte de relais destiné à distribuer ces paniers en Europe. Il payait en espèces les paniers de bonne qualité et les revendait ensuite. Un petit commerce qui permettait à tous de se faire un peu d'argent.

J'eus vent par la suite d'une rumeur selon laquelle ces jeunes femmes n'avaient peut-être pas que des relations commerciales avec Koos. Ce qui d'ailleurs posait des problèmes purement sanitaires, car ces jeunes femmes n'étaient pas protégées contre les maladies sexuellement transmissibles qu'elles pouvaient contracter auprès des hommes étrangers. J'étais d'ailleurs gênée par son attitude paternaliste vis-à-vis des Ovahimba.

– Il faut élever ces gens, disait-il.

Il entendait également leur inculquer la religion chrétienne et leur faire abandonner leurs propres pratiques religieuses, dont leurs rapports avec les esprits. Cela me rappelait l'attitude qu'avaient les Blancs envers des Noirs sud-africains à l'époque de l'apartheid. Je me suis toujours demandé vers quoi au juste on voulait les élever.

Le dernier jour de notre visite, un touriste qui n'avait, semble-t-il, pas annoncé sa venue et qui voyageait sans guide

– on les appelle là-bas des « self drive » – arriva avec sa voiture et commença à klaxonner, perturbant avec fracas la quiétude du lieu et la sieste de Koos. À cause des clôtures, il n'arrivait pas à entrer. Il criait très fort.

– Aidez-nous, aidez-nous ! On a perdu quelqu'un, lançait-il paniqué.

Effectivement, il expliqua que sa belle-mère avait disparu quelque part sur la piste qui longeait la rivière. Il avait notamment peur qu'elle n'ait glissé dans l'eau. Koos l'écoutait sans dire grand-chose et sans proposer de l'aide. Je suggérai que Tjomi leur apporte son concours pour les recherches.

– Il était pisteur dans l'armée. Il vous sera très utile, dis-je avec une certaine assurance.

À cette époque, je ne savais pas encore que Tjomi n'avait jamais mis les pieds dans l'armée. Je l'ai appelé et il a aussitôt accepté d'y aller. Koos se sentit tout de même gêné de voir que je prenais les choses en main et que j'étais complètement autonome par rapport à lui. J'avais ma voiture et mon pisteur.

– Non, non ! On va prendre ma voiture, dit Koos en nous arrêtant dans notre élan.

En route, il m'expliqua qu'il n'aimait pas les touristes en « self drive », c'est-à-dire ceux qui venaient sans passer par lui ou un autre opérateur. Il appela aussi quelques personnes supplémentaires pour aider aux recherches. Une fois arrivés sur les lieux de la disparition, il reprit ses réflexes militaires et dirigea les opérations comme l'aurait fait un général, distribuant les rôles et donnant ses ordres. Il envoya les gens dans différentes directions. Il intima l'ordre à Tjomi d'aller dans une direction, mais ce dernier vit tout de suite que personne n'aurait pu se perdre par là. Il contourna la piste et prit un autre chemin en contrebas, vers la rivière. Au bout d'un certain temps, tout le monde rentra bredouille. Personne n'avait trouvé la belle-mère perdue. C'est alors que Tjomi apparut avec la femme. Il la hissait et la tenait par le col afin qu'elle ne tombe pas. Il l'avait retrouvée dans un endroit pas très éloigné. Elle avait voulu rebrousser chemin et, n'ayant pas suivi la bonne piste, s'était égarée. Elle était à bout de forces car elle n'avait pas bu depuis plusieurs heures et la déshydratation avait commencé à faire son œuvre. Tjomi était très fier. Koos était quelque peu vexé que ni lui ni ses hommes n'aient réussi à trouver la femme. Il fut obligé de féliciter Tjomi devant tout le monde.

Koos avait une véritable mainmise sur toute cette zone. À tel point que lorsque j'exprimai le désir de venir éventuellement m'y installer, je sentis un certain raidissement dans son attitude. À cette époque, je me posais sérieusement la question de quitter Etanga car mon père était tellement ivre en permanence que la situation devenait ingérable. J'avais envisagé de m'installer chez Ndoozu, un fils de l'ancien chef Vetamuna, qui vivait à Omblisizaaho, un village situé à environ vingt-cinq kilomètres au nord d'Etanga. Mais Ndoozu, un très vieil homme ayant une grande autorité, me faisait un peu peur. Beaucoup plus autoritaire que mon père, il m'aurait sans doute utilisée pour le servir, lui et la communauté, et sa coopération dans le cadre de mon travail de recherche n'aurait pas été très active. C'est pourquoi, lorsque je découvris les bords de la rivière Kunene, l'idée de venir m'y installer fit plus que me traverser l'esprit. Ce fut aussi la raison pour laquelle je voulais rester en bons termes avec Koos.

– Il va falloir d'abord négocier avec les Ovahimba si tu veux habiter ici, me dit-il froidement.

Je compris qu'il pouvait leur dire de refuser et que je n'étais pas la bienvenue pour lui. Si jamais je tentais l'expérience, ce serait la guerre. Toutefois, sur le chemin du retour, j'expliquai à Tjomi qu'il fallait rester amis avec Koos. Il avait du mal à l'accepter car il avait été traité comme un moins que rien, mis à l'écart dans une espèce de ségrégation que le maître des lieux imposait aux gens du pays. Lorsque nous arrivâmes à Etanga, nous fûmes heureux de retrouver les autres. Je racontai la manière dont Tjomi avait été traité et m'offusquai avec lui de cette mise à l'écart.

Il y avait une attitude semblable chez le dernier vétéran que j'ai rencontré. Cela se passait pendant les premiers temps de mon installation dans le Nord, avant même d'aller poser mes affaires à Etanga. Je vécus quelques semaines à Opuwo. Helmut Hoth logeait dans le même endroit que moi. Une espèce de gîte-chambre d'hôtes. Il connaissait très bien la géologie de la région, parlait l'otjiherero et savait pas mal de choses sur les Ovahimba. Lorsque je le rencontrai, il était là pour accompagner quelqu'un qui cherchait de l'eau. Cet homme utilisait des bâtons avec des fils de fer pour trouver les sources. C'est une technique semblable à celle qui est utilisée par ceux que l'on appelle les sourciers en France.

Cela nécessite de posséder un certain magnétisme et, lorsque l'on se trouve à un endroit où il y a de l'eau, le bâton, que l'on tient avec les deux mains et devant soi, se met à indiquer le sol en plongeant. Helmut Hoth m'expliqua qu'il possédait une ferme près d'Okahandja, plus au sud d'Opuwo. Elle s'appelait « Rust en Vrede » c'est à dire « Repos et paix ». Nous passâmes ainsi une soirée à discuter. Une jeune femme omuherero vint même le rejoindre et je compris que lui aussi, comme les autres vétérans, avait ses petites amies. Le sourcier voulut me montrer comment il trouvait de l'eau. Il me demanda de le faire moi-même pour voir si j'en avais l'aptitude, le magnétisme. Et, à ma grande surprise, cela marcha. Lorsque moi-même j'amenais la tige au-dessus de l'eau, cette dernière se mettait à tirer vers le bas sans que l'on agisse.

L'hydrologue qui faisait partie de l'équipe m'expliqua que le sourcier était très utile pour compléter les instruments car la région avait une particularité géologique qui empêchait ces derniers d'être complètement fiables. La petite tige intervenait alors pour préciser les emplacements souterrains de l'eau. Je passai une soirée plutôt agréable. Helmut Hoth m'invita à venir le voir un jour à sa ferme. Ce que je fis plus tard. Il vivait avec une femme omuherero, qui s'occupait de la maison avant la mort de sa femme. Elle portait la coiffe classique des femmes ovaherero, en tissu très coloré et en forme d'enclume, évoquant des cornes de bœuf.

Tous ces vétérans ne m'ont pas toujours appris grand-chose sur les Ovahimba. En revanche, ils m'ont enseigné sur les relations entre les Blancs et les populations locales. Je ne les ai vus en général qu'une seule fois au début de mon installation en Namibie.

# VIII

Pour un ethnologue sur le terrain, il n'y a pas de pire cauchemar que ces longues journées durant lesquelles il ne se passait rien à Etanga. C'est alors que la torpeur envahissait l'espace sous une chaleur écrasante. Les gens de la famille étaient allongés sous les arbres. Ils se reposaient tout l'après-midi. Il n'y avait pas d'activité, même ordinaire. Le temps passait. Et je le regardais passer. Il n'y avait rien à raconter. Ces journées d'inactivité étaient fréquentes. Je ne pouvais rien filmer. C'était pour moi un moment difficile mais obligatoire, une manière d'aborder et de faire mien « leur temps ». J'entrais alors moi aussi dans cette espèce de léthargie.

Je prenais souvent un petit carnet et un stylo et je m'asseyais quelque part. J'observais, j'écoutais, j'écrivais ce que je ressentais. Souvent, je trouvais sans grand intérêt ce que j'écrivais à ces moments-là, mais a posteriori, ces notes contiennent de précieux indicateurs sur ma manière d'appréhender la vie à Etanga. Dans ces moments-là, dès que j'étais bien installée dans l'écriture, quelqu'un m'abordait pour entamer une conversation, comme s'il trouvait que je n'étais pas bien à écrire dans le silence. Puis, les enfants venaient. Intrigués par mon stylo, ils le prenaient, jouaient avec, mettaient du rouge sur les feuilles de papier. Je les laissais faire, tout en humant le temps qui s'écoulait lentement.

J'appréciais ces longues journées qui me donnaient vraiment l'impression de m'immerger dans le temps des Ovahimba. C'était aussi pour moi une manière de laisser venir les événements. Quelquefois les femmes se mettaient à refaire leur parure. Je les accompagnais et j'en profitais pour les observer et les filmer. Il pouvait alors se passer des choses qui me permettaient de comprendre la manière dont les femmes transmettaient leur savoir pour fabriquer les parures. Elles dansaient un peu, imitaient les vieux en entrant en semi-transe, et je filmais tout.

Je ne me levais pas le matin avec un programme de travail établi. Je laissais la vie apporter son lot de petits événements, même si, souvent, il ne se passait rien d'intéressant à première vue. Il est arrivé que pendant deux semaines entières je ne filme rien. J'étais là. Je participais à la vie de la famille et je ne demandais rien d'autre. Je ne cherchais plus à voir. J'étais dedans. J'étais arrivée progressivement à cet état d'esprit, car au début il fallait que je remplisse mes journées par du travail. Mais, avec le temps, je compris que j'aborderais encore mieux mon projet en laissant les événements venir. Mon attitude provoquait des incompréhensions de la part des Européens qui venaient parfois me rendre visite pour un reportage ou une simple rencontre. Leur temps était limité. Ils se demandaient ce que je pouvais bien faire de mes journées, car ils voyaient une femme, cinéaste, anthropologue, qui dormait ou qui s'occupait de tâches futiles. Le quotidien, c'était ça. Faire la sieste, danser, refaire sa parure, donner à boire et à manger aux bœufs. Les occupations de base. Pour l'œil du non-initié, les Ovahimba avaient un rapport au temps déstructuré.

L'été, comme les pluies étaient plus abondantes, c'était aussi la saison des cultures dans le potager et de son entretien. Les femmes, aidées parfois par des hommes, s'occupaient de ces cultures. Ils payaient des Ovagambwe pour construire des enclos autour des jardins. Souvent, le soir, nous regardions le ciel pour savoir si la pluie viendrait apporter de l'eau aux jardins fraîchement plantés. Les étoiles, ou plutôt leur apparence, donnaient aux Ovahimba des indications sur la météo. Il fallait en effet des conditions particulières pour que la pluie s'annonce. La côte atlantique n'est éloignée que d'environ cent cinquante kilomètres d'Etanga. Pour que l'air humide arrive sur les reliefs du Kaokoland qui culminent pour certains à deux mille mètres d'altitude, il faut que le vent soit orienté dans une certaine direction. Les Ovahimba connaissaient cette orientation. De plus, ce vent était chargé de sable et il voilait légèrement le ciel étoilé. Si bien qu'ils ne se trompaient jamais lorsqu'il s'agissait d'annoncer l'arrivée de la pluie.

L'hiver était sec. Les déplacements étaient plus nombreux, car les occupations agricoles étaient plus rares. On allait dans les autres villages, les autres familles, pour des mariages ou des rites de passage. Comme la chaleur n'était plus écrasante, et les nuits froides, les gens s'affairaient aussi plus dans la journée. C'était la saison des cérémonies de deuil ou de circoncision, durant lesquelles on abattait des bœufs car la viande se conservait mieux que l'été. La saison sèche était aussi le temps de la transhumance vers les pâturages éloignés. Pendant ces périodes, le froid nous rapprochait un peu plus car le feu était très important et l'on passait plus de temps dans la case où il faisait bon. Vers quatre heures et demie le soir en hiver, la température chutait brutalement avec l'arrivée de la nuit. Tout le monde rentrait au chaud et le sommeil venait rapidement car la journée avait commencé très tôt le matin et elle avait été plutôt active.

Je vivais à ce rythme parmi les Ovahimba. Mon rôle était clairement établi : je filmais et j'écrivais. Ils avaient compris que j'étais heureuse en faisant cela et que les films et les photographies allaient laisser une trace d'eux. Si bien qu'ils m'invitaient dès qu'il y avait des réunions, des procès de droit coutumier, des discussions politiques que j'ai ainsi enregistrées en son ou en vidéo. Mais, parfois, ils n'avaient pas envie d'être filmés et n'hésitaient pas à le dire. Si je ne connaissais pas les gens, j'arrêtais aussitôt. Quand c'était avec des gens de la famille, je continuais un peu. Parfois ils m'arrêtaient sec. Il arriva souvent que les raisons de leur refus m'échappent au premier abord. Je n'avais pas vu qu'ils étaient mal habillés et qu'ils ne voulaient pas paraître ainsi à l'image. Ils avaient fini par avoir un rapport très détendu avec la caméra. Parfois ils posaient, parfois ils s'adressaient à elle. Kakaendona était très habile pour jouer avec l'œil de la caméra. Elle s'était approprié l'instrument. Elle savait l'utiliser. Elle mettait en scène ses attitudes et celles des autres en fonction de la présence ou de l'absence de la caméra. Une grande complicité entre nous deux me permettait de savoir grâce à elle ce qu'il fallait filmer, ce qui était important.

J'ai trouvé en Kakaendona le médium idéal pour saisir la culture, les rapports sociaux et la vie des Ovahimba. Lorsque je filmais certains rituels, Kakaendona savait quand la caméra tournait ou pas, alors que j'avais éteint la petite lumière rouge qui signalait normalement qu'elle était en marche. Elle avait compris comment le matériel fonctionnait et, aussi, quand mon corps était sous tension pour filmer. Sans que je lui donne aucune indication, elle ne regardait pas la caméra, sauf quand elle s'adressait à moi pour m'indiquer de continuer ou m'orienter vers telle ou telle autre action qui était hors de mon champ.

*Le dernier tronçon de la route est pour moi le plus intense, en émotion, en pensées, en beauté du paysage. Je quitte Opuwo et je me dis : « Voilà, je suis chez moi. » Au début, la piste est à double sens, assez large et surélevée. J'arrive rapidement à un endroit baptisé Orotjitombo. C'est un ancien marécage asséché où, pendant la saison de pluie, l'herbe est verte et les animaux domestiques en liberté sont nombreux. Je suis sur mes gardes car, à tout moment, l'un d'eux peut traverser la route et c'est l'accident. Je ne dépasse pas quatre-vingts kilomètres à l'heure. Je reste plutôt aux alentours de cinquante. Il y a du monde sur le bord de la piste. Certains me connaissent et me font des signes de la main. Je m'arrête pour saluer un homme que j'ai reconnu. Nous échangeons quelques mots. Il me dit que Kakaendona m'attend au store. Je ne peux pas l'embarquer. Je donne quelques bonbons aux enfants qui courent vers moi en criant. Il y a encore quatre-vingts kilomètres à parcourir. Je ne suis pas pressée. J'ai fait en sorte d'arriver à la tombée de la nuit car c'est le moment que je préfère, surtout pour les derniers cinquante kilomètres. La piste est devenue plus étroite, moins bien entretenue. Je m'arrête souvent. Je parle avec tout le monde au bord de la route. J'avance lentement, à dix ou vingt kilomètres à l'heure.*

*Je roule vers l'ouest et j'ai le soleil en face de moi. Il descend à mesure que j'avance. La nuit arrive doucement. Très vite, il fait noir. Je n'ai que la lumière de mes phares comme horizon. Le capot blanc de mon bakkie plonge. Devant, le pare-buffle dépasse. Il reflète les lumières de la voiture. Je vois des lapins s'enfuir ou s'immobiliser, hypnotisés par la lumière. Les yeux des animaux domestiques, vaches, chèvres et moutons brillent dans la nuit. La route est sinueuse. J'éclaire les nombreux arbres Mopani qui longent la route, caractéristiques de la savane qui couvre cette région de la Namibie. Leurs grandes feuilles plates me renvoient des nuances de vert toutes différentes, dans un jeu de lumières presque oniriques. Il y a aussi les odeurs de la terre, des animaux, de la brousse. Je passe à Omutati où vit la famille de Vuaanderua. Je m'arrête. Je salue tout le monde et je repars, car j'ai hâte d'arriver à Etanga.*

*À mesure que j'approche, mon cœur se serre un peu plus. J'arrive enfin au village. Kakaendona m'attend au store. À peine ai-je arrêté la voiture qu'elles sont plusieurs, avec les enfants, à m'assaillir dans une explosion de joie. On danse, on chante, j'achète des bières et des sodas. Je mets la musique, toujours la même, du jazz sud-africain. Ils l'adorent et dansent avec moi. Je jette mon corps sur le rythme dans des mouvements désordonnés. Les enfants m'accompagnent et les autres me regardent, amusés. Les filles montent dans la voiture avec moi. Les hommes sifflent à l'aide d'une feuille de Mopani. Ils hurlent et crient. Ceux qui ne peuvent pas entrer dans la voiture montent dessus. Je reprends le volant et nous avançons comme cela jusqu'à la maison de la famille, de l'autre côté de l'oued, au pied de la colline, un peu à l'écart du village.*

*Le chef et sa femme Omukurukaze nous attendent, plus dignes, sans démonstration de joie excessive. Ils sont heureux de voir tous les enfants arriver avec moi, mais il n'y a pas d'effusion. Le chef me demande si mon voyage s'est bien passé. L'excitation retombe. Je suis un peu mal à l'aise. Il y a un temps mort. J'ai envie de continuer la fête, mais la solennité de l'accueil du chef me coupe un peu dans mon élan. Je demande si je peux installer ma tente. Le chef va chercher un vieux râteau et demande à un jeune d'enlever les bouses de vache qui sont sur l'emplacement où j'ai l'habitude de planter ma toile.*

*Une fois la tente montée, la fête peut commencer. Les femmes entrent dans une case, je sors une bouteille de vodka et des canettes de Red Bull. Les hommes s'assoient près de l'entrée, un verre à la main. L'ambiance est bonne. Il se dégage une grande chaleur humaine. Je ne comprends pas tout ce qu'ils racontent. Ils sont dans un état de légère ébriété. Ils ne font donc pas trop attention à employer des mots que je comprenne. Ce n'est pas important. Je suis fatiguée. J'écoute la musique de la langue, qui me berce. J'ai le sentiment d'être rentrée à la maison parmi les miens.*

Je repartais souvent de la maison familiale au matin. Je me levais et commençais à rassembler mes affaires, à démonter ma tente. Le chef m'entendait, se levait et sortait de sa case. Il venait avec une chaise près de moi et s'asseyait sans dire un mot. Il restait là à me regarder plier mes affaires et charger ma voiture. Toujours muet. C'était devenu une sorte de rituel du départ. Ensuite, toute la famille venait me saluer de manière très solennelle et très émue. Je mettais la musique qu'ils aimaient pour dédramatiser, mais tous, et surtout les enfants, pleuraient à chaudes larmes. Parfois, les enfants suivaient la voiture et je m'arrêtais encore pour danser une dernière fois avec eux. Le chef nous rejoignait et esquissait quelques pas. Puis je reprenais le volant, j'écrasais l'accélérateur et je ne me retournais plus. J'avais devant moi treize heures de route.

Une route toujours aussi dangereuse, seule au volant. Les Ovahimba me disaient que j'étais folle d'effectuer ce trajet seule et sans arme. Des pirates pouvaient m'attaquer. Ils étaient assez nombreux, surtout entre Opuwo et Kamanjab. Ils pouvaient tuer pour un butin même maigre, et les histoires d'attaques sanglantes, même si elles n'étaient en réalité pas si fréquentes, couraient dans toute la région. D'ailleurs tout le monde voyageait avec des armes, prêtes à servir. Mais j'ai toujours refusé de porter un pistolet. J'étais prudente et cela me semblait suffisant.

Lors d'un de ces retours vers Windhoek, il arriva pourtant un événement qui aurait pu très mal se terminer pour moi. Je m'étais arrêtée à Opuwo à la station-service. Des hommes que je ne connaissais pas vinrent me demander si je pouvais les emmener à Windhoek. J'ai refusé car je n'acceptais jamais de prendre des gens inconnus. Je leur ai dit que je retournais à Etanga, ce qui était faux.

Ils me suivirent en voiture. Sur environ une trentaine de kilomètres après Opuwo, je ne m'inquiétai pas. Mais à un carrefour avec la grande route qui vient du Nord, je dus m'arrêter à un stop. Ils s'arrêtèrent à ma hauteur et me regardèrent méchamment. S'ensuivit une véritable course-poursuite de soixante-dix kilomètres. Sur une route non goudronnée et rectiligne, ils me suivirent de près et tentèrent de me dépasser pour m'obliger à arrêter. J'empêchai leurs tentatives en déviant ma trajectoire. Je me dis que j'étais perdue. Si jamais ils arrivaient à me dépasser ou si je crevais ou bien encore si mon bakkie tombait en panne, c'en était fini pour moi. J'avais le cœur qui battait à tout rompre. Je fonçai vers le Sud dans l'espoir qu'ils lâcheraient prise.

Nous arrivâmes à la ligne vétérinaire avec son poste de contrôle où se trouvaient des policiers et des gardes. Je m'arrêtai. Les autres étaient juste derrière moi et collaient ma voiture. Ils souriaient et sympathisaient avec les policiers comme si de rien n'était. Discrètement, je racontai aux policiers, qui me connaissaient car depuis plusieurs années je passais régulièrement, ce qui s'était passé depuis Opuwo. Ils ne pouvaient pas empêcher les autres de passer car ils n'avaient aucun grief à leur égard, mais ils me dirent de ne pas m'inquiéter. Ils feraient tout pour les retenir le plus longtemps possible afin de me laisser une grande avance. Je repartis rassurée et, effectivement, je ne revis jamais ces hommes.

# IX

À présent mon père, le chef, est mort. Je me souviens de ma première rencontre avec lui. Chris Eyre le considérait comme le plus apte à m'accueillir parmi tous les chefs ovahimba. La veille, j'avais déjà vu un autre chef. Il m'avait demandé de rester en me disant que si je partais, il ne me reverrait plus jamais. C'était la fin de la journée. J'étais avec mon assistant Ben-Moore. Nous nous sommes présentés à la clinique du village pour demander si le chef était au village. Par un hasard extraordinaire, il était à la clinique. Il accompagnait son fils aîné, Uapingena, qui était très malade. Ce dernier avait été enrôlé dans l'armée sud-africaine pendant la guerre d'indépendance. Il avait été gravement blessé et sa nuque était maintenue par des plaques métalliques. Or, lorsqu'il faisait certains mouvements, quelque chose se déplaçait, il perdait connaissance ou simplement l'usage de la parole. Ce jour-là, il était inconscient et sous perfusion. Il attendait qu'on le transporte à l'hôpital d'Opuwo. Le chef devait l'accompagner.

Je me retrouvai donc face à cet homme, grand, très beau. Au regard clair, à l'allure aristocratique.

– Je vais accompagner mon fils qui est très malade, me dit-il d'une voix très sérieuse et posée lorsque je commençai à lui parler. Je vous invite à aller chez moi ce soir avec ma femme et mes enfants, et je vous verrai à mon retour.

La conversation dura cinq minutes. Je repartis le lendemain, après avoir passé la soirée avec les femmes. Pendant la dizaine de jours qui suivit, je rencontrai trois autres chefs, mais aucun d'eux ne me fit la même impression. Il fut le seul à manifester d'emblée autant de générosité. Il me dit avant de partir avec son fils :

– Va voir qui tu veux, où tu veux. Et quand tu auras fini, reviens si tu veux.

C'est ainsi que j'entrai au domaine familial du chef sur les hauteurs de la colline d'oHere. Quelques mois après mon retour définitif en France, il est mort. Je n'ai pas pu me rendre à son enterrement. Quelque temps après, je suis retournée à Etanga. Kakaendona m'a raconté la grande cérémonie qui eut lieu. Des ministres vinrent de Windhoek. Tout le peuple ovahimba se déplaça à cette occasion, même depuis l'Angola. Lorsque j'ai vu la tombe, j'ai été effondrée. L'inscription apposée en dit long sur le climat politique qui régnait à Etanga : « Le roi d'Etanga, le grand homme de SWAPO ». En réalité, le chef travaillait régulièrement avec le gouvernement et il était en négociation avec eux pour être reconnu officiellement. C'était un roi, pas un politique. Cette inscription avait un air de récupération, qui ne correspondait d'ailleurs à l'opinion que d'une partie de la population locale. Cela signifie que pour les générations futures qui liront cette épitaphe, et qui ne connaîtront pas la véritable histoire, le chef restera dans la mémoire officielle comme un artisan local du parti politique au pouvoir. Pour beaucoup de ceux qui étaient présents ce jour-là, le sens des mots inscrits leur échappait car ils ne savaient pas lire. Dans le même temps, j'étais apaisée de voir sa tombe. Je le retrouvais. Sa mort était intervenue lorsque j'avais intégré le fait qu'il était devenu mon père. Je l'avais adopté comme il m'avait adoptée. J'étais entrée de plain-pied dans son histoire. J'avais besoin de lui. Aujourd'hui, j'ai envie d'aller sur sa tombe encore. C'est la seule personne proche pour laquelle j'éprouve ce désir. C'est une sorte de conversation avec lui qui se prolonge. Finalement, le résultat de ces sept ans est très singulier, voire étrange pour moi. J'ai trouvé un père. Puis je l'ai perdu. Mais, aujourd'hui, il est toujours aussi présent. Il m'accompagne partout, comme s'il n'était jamais parti.

# Du même auteur

*Uitreis* (En partance), Human & Rousseau, Cape Town, 1997
http://www.rinasherman.com

*Le huitième mort de Tibhirine,* Tatamis, Paris, 2007.
http://www.tatamis.fr/sites/journalisme/page/page.php/id/111235/l/Se%20procurer

Lazhari Labter Editions & Le Soir d'Algérie, Alger, 2007.
http://lazharilabtereditions.over-blog.com/

**« Les années Ovahimba »**
Une étude ethnographique multidisciplinaire

Rina Sherman a entrepris voici dix ans déjà la réalisation du projet *Les années Ovahimba.* Par le prisme de films tournés au sein – et avec la complicité – de la communauté ovahimba et des expositions multimédia de photographies et de dessins, ce vaste projet multidisciplinaire se propose de créer une trace vivante de l'héritage culturel immatériel du peuple ovahimba et de leurs peuples parents vivant de part et d'autre de la rivière Kunene qui sépare la Namibie de l'Angola. Depuis son retour en France, elle travaille au montage de films et à la rédaction de livres pour constituer une collection qui permette aux scientifiques comme au grand public de découvrir la richesse de ces peuples. Un site Web dédié à ce projet est consultable à l'url :
http://www.ovahimba.info.

# Publications

**Articles**
« Reading Between the Lines: Understanding Assistants in Fieldwork The Ovahimba Years » by Rina Sherman, in ***Reconstruction : Studies in Contemporary Culture***, journal en ligne, 2009.

« When Elsewhere Becomes the Here and Now: Seven Years of Fieldwork with the Ovahimba » by Rina Sherman, in ***AnthropoPages, Terrains vécus : Terrains revécus***, Edition Ici et Ailleurs, GRAEA, no. 5-6, mars 2006.

« Les années Ovahimba » de Rina Sherman in ***Le film africain & Le film du sud***, novembre 2002.

« The World Turns Like the Horns of a Kudu: From the Self to the Other and Back » by Rina Sherman, in ***Die Republikein***, 2002.

« Thus Came «The Ovahimba Years » by Rina Sherman, in ***Die Republikein***, 1998.

# Catalogue

*Les années Ovahimba : Travaux en cours.*
Brochure catalogue de l'exposition multimédia, Windhoek, Namibie, 2002.

## Entretiens vidéo

Mise en ligne d'entretiens vidéo sur divers aspects de l'étude *Les années Ovahimba* par les Archives audiovisuelles de la recherche et la Fondation Maison des Sciences de l'Homme.

*Sept années chez les Ovahimba*
Rina Sherman revient dans cet entretien sur son expérience de terrain chez les Ovahimba avec qui elle a passé de nombreuses années. 1h50, 2006.

*Que la danse continue*
La discussion avec l'auteur met en exergue les grands thèmes traités dans son film *« Keep the Dance Alive / Que la danse continue »*, qui explore les différentes façons dont la musique et la danse transcendent la vie quotidienne de ces peuples, de leur petite enfance jusqu'à leur mort. 2h05, 2007.

## Commissaire d'expositions

*Les années Ovahimba : Travaux en cours*
Une exposition multimédia, inspirée de parcours sonores composés de sons rituels et quotidiens, ponctués de photographies, de dessins, d'objets culturels, de présentations de films et de conférences. Centre culturel franco-namibien, Windhoek, Namibie, 2002.

*Jean Rouch – Tournée en Afrique australe*
Tournée universitaire de Jean Rouch en Afrique Australe et présentation d'un programme de ses films. Institut français en Afrique du Sud et l'Ambassade de France en Namibie. Afrique du Sud et Namibie, 1996.

*Afrique du Sud - Musique de libertés - La Villette*
Commissaire d'une rétrospective de 50 ans de cinéma sud-africain. Réalisateur, Producteur du film concert *Walahi-Wo!* avec Hugh Masakela et une compagnie de musiciens sud-africains. La Villette, 1995.

## Conférences

*Parure Ovahimba : «Street Fashion», expressions identitaires*
Couleurs sur corps, Jardins du Trocadéro, Paris, CNRS & Mairie de Paris, Novembre 2008.

*Autour des Ovahimba : Echanges de savoir-faire*, Migration in Museums : Narratives of Diversity in Europe, Berlin, novembre 2008.

*Emotion in Multimedia Ethnographic Fieldwork,* texte, image et son, la narration dans tous ses états. Conférence internationale organisée par le journal en ligne **ethnographiques.org,** Institut d'Ethnologie, Université de Neuchâtel, novembre 2006.

*A Coke for Your Face: The Ovahimba and Their Image*
Associations for Anthropology in Southern Africa, Annual Conference, University of Namibia, Windhoek, 8 - 13 May 2000.

# Films

*Keep the Dance Alive / Que la danse continue*
Un film sur des pratiques de musique, de danse et de transe de possession des groupes de langue otjiherero du nord-ouest namibien et du sud-ouest angolais. Le film explore les différentes façons dont la musique et la danse transcendent leur vie quotidienne, de la petite enfance jusqu'à la mort. Vidéo, 75', 2007. Distribution : http://www.der.org/films/keep-the-dance-alive.html.

*Quand les invités arrivent / Ovaryange Tji Veya / When Visitors Come*
Rina Sherman a présenté une exposition multimédia à Windhoek, capitale de la Namibie. Un groupe de jeunes gens d'Etanga a participé à l'exposition. Le film montre les jeunes découvrant leur patrimoine culturel à l'exposition et les conséquences de l'exposition.Vidéo, 30', 2006, Distribution : http://www.der.org/films/when-visitors-come.html.

*Shake Your Brains / Kurakurisa Ouruvi*
Film sur l'abus d'alcool dans la région Kunene, pays des Ovahimba, Namibie. Vidéo, 50', 2000, Distribution : http://www.der.org/films/shake-your-brains.html.

*Voyage, Voyage - La Namibie*
Avec sa caméra stylo, filmant en toute liberté, Rina Sherman nous renvoie au plaisir de fréquenter le monde. La Namibie des Ovahimba entre documentaire et imaginaire débridé.
Vidéo, 41', 1999. Production: JBA / La Sept ARTE, 50', 2000.

Achevé d'imprimer par Corlet, Imprimeur, S.A. - 14110 Condé-sur-Noireau
N° d'Imprimeur : 119755 - Dépôt légal : mars 2009 - *Imprimé en France*